U0797192

以史为鉴

中华文明的演进与选择

金冲及 孙正聿 等著

中共中央党校出版社

图书在版编目（CIP）数据

以史为鉴：中华文明的演进与选择 / 金冲及等著 . -- 北京：中共中央党校出版社，2022.7（2022.8 重印）

ISBN 978-7-5035-7216-6

Ⅰ . ①以… Ⅱ . ①金… Ⅲ . ①中国历史－研究 Ⅳ . ① K207

中国版本图书馆 CIP 数据核字（2021）第 233480 号

以史为鉴：中华文明的演进与选择

责任编辑 蔡锐华 吴容华
版式设计 张 敏
责任印制 陈梦楠
责任校对 王明明
出版发行 中共中央党校出版社
地 址 北京市海淀区长春桥路 6 号
电 话 （010）68922815（总编室） （010）68922233（发行部）
传 真 （010）68922814
经 销 全国新华书店
印 刷 北京中科印刷有限公司
开 本 880 毫米 ×1230 毫米 1/32
字 数 155 千字
印 张 8.5
版 次 2022 年 7 月第 1 版 2022 年 8 月第 2 次印刷
定 价 58.00 元

网 址：www.dxcbs.net 邮 箱：zydxcbs2018@163.com
微 信 ID：中共中央党校出版社 新浪微博：@党校出版社

版权所有 · 侵权必究
如有印装质量问题，请与本社发行部联系调换

编者的话

2022年5月27日，习近平总书记在中央政治局就深化中华文明探源工程的集体学习时指出："中华文明源远流长、博大精深，是中华民族独特的精神标识，是当代中国文化的根基，是维系全世界华人的精神纽带，也是中国文化创新的宝藏。在漫长的历史进程中，中华民族以自强不息的决心和意志，筚路蓝缕，跋山涉水，走过了不同于世界其他文明体的发展历程。要深入了解中华文明五千多年发展史，把中国文明历史研究引向深入，推动全党全社会增强历史自觉、坚定文化自信，坚定不移走中国特色社会主义道路，为全面建设社会主义现代化国家、实现中华民族伟大复兴而团结奋斗。"

由此可见，继往开来、以史为鉴，是践行党中央号召，讲清楚中国是什么样的文明和什么样的国家，讲清楚中国人的宇宙观、天下观、社会观、道德观，展现中华文明的悠久历史和人文底蕴，促使世界读懂中国、读懂中国人民、读懂中国共产党、读懂中华民族的必要一环。

有鉴于此，我们邀请了一批国内相关研究领域的顶尖学者，面向广大党员干部和普通读者，编写了这本《以史为鉴：中华文明的演进与选择》。

本书以中华文明的演进和发展为主轴，重点突出，抓纲举目。从中华文明五千年不断裂的考古探源和严谨论证，到传统中国政治实践中，有关国家治理和反腐实践的现代启示，再到近代“三千年未有之大变局”以来清朝统治的注定灭亡，以及辛亥革命爆发和中国共产党诞生的历史必然选择，最终回归到以正确的历史观和价值观帮助读者读懂、读通、读透中华文明的厚重历史和中国特色社会主义现代化建设的题中之义。

为了保证较高的出版品质，本书在编辑过程中颇费心思，并有如下几个特色：第一，格局宏阔，脉络清晰。本书虽然入选篇目不多，但高屋建瓴地清晰勾勒出中华文明演进至今的总体轮廓。第二，篇目组织系统，视角多元完备。本书充分利用各类人文学科的交叉研究成果，力争为读者提供多重视角，从不同角度阐述中华文明演进的肌理与逻辑。第三，论述权威，思想深邃。入选本书的作者均为各自所在学科中德高望重的领军人物，其文字平易晓畅，论述举重若轻，让读者在阅读过程中不仅可以充分体会到专业学者的深刻洞见，还可以领略文字与思想之美。

希望本书能够获得读者的喜爱，让“以史为鉴”这个书名体现出它应有的分量，增强中国人的文化自信和做中国人的志气、骨气、底气。

2022 年 6 月 15 日

目录

五千年不断裂的中华文明

刘庆柱

中国社会科学院学部委员，国家哲学社会科学研究专家咨询委员会委员，中华炎黄文化研究会学术委员会主任，德国考古研究院通讯院士，郑州大学特聘教授；曾任中国社会科学院学部主席团成员，中国社会科学院历史学部主任，中国社会科学院考古研究所所长。

5000 多年前，中华大地已有不同地区形成各自的以早期神权、王权模式为主的不同“文明”，但是它们之中在此后代代相传的“文明”则是始于“中原龙山文化”及其后继者的夏商周、秦汉至元明清王朝的“王权 ”与“皇权”模式国家。

这从中华的“国家”“国民”与“国土”的 5000 年来基本一脉相承可以说明；从作为“国家文化”（或“大传统”）的都城、帝王陵墓、礼制建筑与礼器、文字的“五千年”沿袭发展可以佐证；都城的“求中”“一门三道”“大朝正殿居中”与“左祖右社”格局、都城中轴线及都城、宫城四面辟门等是“中”“中和”的核心理念“物化形式”可以再现。

“文明”一词在先秦时代已经出现，如《周易·乾》“见龙在田，天下文明”，《尚书·舜典》“睿哲文明”等。上述文献之“文明”与“中华五千年不断裂文明”的“文明”不同，后者是从西方引进来的政治学、人类学、考古学术语。

1877年，美国人类学家路易斯·亨利·摩尔根（Lewis Henry Morgan）在《古代社会》一书中提出人类社会发展的三个阶段或三个时代，即“蒙昧时代”“野蛮时代”与“文明时代”。[①]考古学家戈登·柴尔德（Vere Gordon Childe）在《城市革命》中提出：“蒙昧时代”即旧石器时代，“野蛮时代”为新石器时代，“文明时代”则人类已进入国家。[②]“文明”的本质是什么？恩格斯认为“国家是文明社会的概括”[③]。易建平认为：“从词源角度来看，文明即国家。”[④]本文的“五千年不断裂文明”的“文明”，是“国家”的同义语。从中国考古学来说，“蒙昧时代”“野蛮时代”与“文明时代”相当于考古学上的“旧石器时代”“新石器时代”与“青铜时代”和“铁器时代”。

“文明起源”研究是个世界性课题。长期以来，国际学术界关于中国文明的起源有着“传播论”与“独立演化论”两种观点。20 世纪前半叶至 70 年代，中国的田野考古发现与研究已经基本解决了中国文明起源的源头就在本土，并非由“地中海文明”发展而来的问题。[⑤]关于中国文明起源的时间，国外学术界多认为始于商代晚期的“殷墟遗址”。从 20 世纪 50 年代至今，70 多年来的中国田野考古发现与研究，已经证实“中华文明”的形成早在距今 5000 多年前。中华文明在全世界六大文明（即两河流域、埃及、印度、中国、墨西哥和秘鲁）中的特点是什么？我认为就是“中华文明”历史发展中的“五千年”之“不断裂”，而这正源于中华文明的“文化基因”。但是学术界长期以来就“中华五千年文明”的“不断裂”及其形成之“文化基因”的全面、深入、系统的学术研究很少，本文就是在这方面所进行的科学探索。

一、“中华文明五千年不断裂”的“起点”

关于中华文明的历史“起点”，包括时空两个方面。一般来说，从时间上看，距今 5000 多年前，中华文明已经形成，这已得到新中国 70 年考古发现与研究的证实。

自 20 世纪初现代考古学传入中国，近百年来中国考古发现引起世界重视，尤其是 20 世纪 50 年代以来新中国一系列的重大考古发现，极大地丰富了人们对中华五千年文明历史的认识。

1899 年，古文字学家王懿荣从一味中药龙骨上发现了甲骨文。其后，王襄、刘鹗、孟定生、罗振玉等也收集了不少甲骨文资料，他们又据此编辑了一些甲骨著录图书。[⑥]1917 年，王国维依据当时可以见到的甲骨资料，撰写《殷卜辞中所见先公先王考》及《续考》著名论文，证明“有商一代先公先王之名，不见于卜辞者殆鲜”，并认为“卜辞与《世本》、《史记》间毫无抵牾之处”。[⑦]20 世纪 30 年代以来，殷墟数以十几万计的甲骨出土地附近考古发现的宫庙建筑遗址、安阳西北岗商王陵与其他高等级墓葬出土的青铜器、玉器等，再现了 3300 年前中国历史上的高度文明。这些考古发现、研究成果，进一步佐证司马迁《史记·殷本纪》应该是可信的。从而可以推断，《夏本纪》的撰写也是有所依据的，其历史记载基本应该是可信的。

20 世纪 50 年代以来，考古发现的登封王城岗城址、新密新砦遗址、偃师二里头遗址与郑州商城遗址、偃师商城遗址、安阳洹北商城遗址等，“夏商周断代工程”通过多学科与跨学科结合研究，认为它们分别为夏代早、中、晚期与商代早、中期都邑城址。[⑧]

20 世纪末以来，考古发现的距今 4300 年的山西襄汾陶寺遗址，一般认为属于历史文献记载的“尧都平阳”，该城址发现的文字、青铜齿轮器与铜铃、各种与礼器相关的遗物及“观天授时”遗址等至关重要。[9]

新世纪以来，《清华简·保训》篇的研究揭示，虞舜“求中”于“历山”，历山在今河南濮阳一带。[10]这里是河南龙山文化（距今4800—4000年）的后岗二期文化流行区，[11]考古工作者曾在这一区域发现了同时期的大型聚落、城址，其中有的城址可能与《史记·五帝本纪》记载的颛顼、帝喾、唐尧、虞舜的邦国之都邑有关。[12]河南龙山文化上溯即仰韶文化之庙底沟文化或庙底沟时代，[13]韩建业认为，这时“中国大部地区文化首次形成以中原为核心的共同体，‘早期中国文化圈’或者文化意义上的‘早期中国’正式形成”[14]。这也奠定、开启了“中华五千年不断裂文明”的历史进程。

近年来，在历史文献记载的黄帝“有熊国”故地——郑州地区，发现了一些河南龙山文化遗址，如新密古城寨城址，面积17.6万平方米，周围版筑夯土城垣，城外设置护城河，城内发现大型宫殿区之中的夯土建筑基址与“柱网”遗迹。[15]古城寨城址周围还分布有十余个龙山文化遗址，古城寨应是一处具有都邑性质的中心聚落。[16]有些研究者认为，古城寨遗址在时空上基本与“黄帝时代”吻合，或有可能是“有熊国”之都邑。[17]在黄帝有熊国的中原地区，河南龙山文化遗址中考古发现了一些青铜器遗物与冶铜遗迹，如郑州牛寨遗址发现了熔铜炉壁及青铜块，[18]登封王城岗城址灰坑出土的青铜器残片等。[19]

上述历史文献记载与考古发现，互证了“中华五千年不断裂文明”形成的“起点”在黄河流域中游的中原地区。这一认识的前提是中华五千年文明的“起点”与“不断裂”的缺一不可，它不排除在距今5000年左右中国大地有多处“文明”形成，如辽宁以牛河梁遗址为代表的红山文化、浙江良渚文化等，但是这时出现的各地“文明”，能够与以后中华五千年文明史一脉相承而生生不息者，应该非中原龙山文化及其“文明”传承者的夏商周莫属。20世纪70年代末以来，苏秉琦提出的文明“满天星斗”及“区系类型理论”之下的文明“多元论”，并未涉及那些诸多文明是否属于“五千年不断裂文明”。其实在苏秉琦的“满天星斗”与文明形成“多元论”提出不久，1986年在美国弗吉尼亚州艾尔利（Airlie）召开的“中国古代史与社会科学一般法则”国际学术讨论会上，严文明就以《中国史前文化的统一性和多元性》为题发表演讲，提出著名的中国史前文化的“重瓣花朵”模式：而这一“重瓣花朵”的“花心”就在中原地区。以中原为核心，其外围分列着的北方燕辽的红山文化、东方的山东、西北的甘青、江浙的良渚文化与长江中游地区的史前文化为“花心”之外的第一层“花瓣”。再外则为第二层“花瓣”。[20]中原地区考古学文化承袭了黄河中游地区仰韶文化，直接发展为公元前2500—2000年的中原龙山文化，它又是中国历史上开启王国时代的夏文化的源头，从庙底沟文化到中原龙山文化、夏文化，这也就是“中华五千年不断裂文明”的“起点”。这个“起点”的空间位置至关重要，正如严文明所指出的那样，“中国文明的起源不是在一个狭小的地方，也不是在边远地区，而是首先发生在地理位置适中，环境条件也最优越的黄河流域和长江流域的广大地区。各地情况不同，文明化的过程也有所不同。它们相互作用，此消彼长，逐渐从多元一体走向以中原为核心，以黄河流域和长江流域为主体的多元一统格局，再把周围地区也带动起来。这一格局的形成是中国古代文明的重要特点，也是她之所以具有无穷活力和强大凝聚力，以至成为世界上几个古老文明中唯一没有中断而得到连续发展的伟大文明的重要原因”[21]。

严文明在 20 世纪 80 年代中期提出的“中国史前文化”的“重瓣花朵”格局，实际上是对 20 世纪 70 年代末苏秉琦“满天星斗”说及其依据“区系类型理论”而得出的文明“多元论”的重大发展。[22]我认为：“‘满天星斗’是客观存在，但是这只是‘表象’，‘满天星斗’中的不同‘星斗’的‘功能’‘作用’‘权重’之于宇宙是各不相同的，科学研究需要我们探究在众多‘星斗’中谁是‘恒星’？不能都是‘半斤八两’，这是我对‘满天星斗’的看法。”[23]其实对于人类早期历史而言，关于文化多样性及其成因，我认为“人类生活的不同环境造就了不同‘文化’”[24]。早在100多年前,马克思对此就有精辟论述:“不同的共同体在各自的自然环境中，找到不同的生产资料和不同的生活资料。因此，它们的生产方式、生活方式和产品，也就各不相同。”[25]不同“考古学文化”不等同于不同“文明”(即不同“国家文化”)。

在中国古代文明形成时期，长江流域下游的良渚文化、辽西的红山文化虽然曾经一度表现得“异常繁荣”，但是支撑这一文化理念的“神权”的“玉文化”却“不代表”历史发展方向，反而使其“文明”成为历史上“昙花一现”的“匆匆过客”。

针对以史前时期遗址、墓葬出土玉器作为“衡量”社会历史发展、进步的“标尺”，我曾在2002年撰文指出:“近年来在‘古代文明形成’研究中，我们注意到一些学者对有的考古学文化中的祭祀(祭‘神’)活动遗迹、遗物非常重视，并且将其作为‘古代文明形成’的重要标识物。古代各种‘祭祀’遗存，可以作为国家统治者统治其百姓的精神工具的反映；也可以是史前时代人们面临当时条件下，无法抗御的自然环境，祈求生存平安、发展的精神寄托。前者可视为早期国家的较普遍现象，后者则不然，因为史前时代社会经济的发展与祭祀活动的发达程度并不都是成正比例的，甚至历史学、民族学资料往往得出相反的结论。……各类通神玉器的空前发达，人力、物力、财力的大量浪费，这不能认为是社会经济进步的反映，而有可能是社会历史发展扭曲的表现。”[26]

近年来，李伯谦提出中华五千年文明形成与发展中“古国”的两种演进模式：即“红山文化古国是以神权为主的神权国家，良渚文化古国是神权、军权、王权相结合的以神权为主的神权国家，仰韶文化古国是军权、王权相结合的王权国家”。而“广布于中原地区的仰韶文化及其后继的河南龙山文化、二里头文化、商周文化因遵循突出王权的发展道路，从而保证了社会的持续发展和文明的延续，成为中华大地上绵延不绝的核心文化，而避免了像红山文化和良渚文化那样，因突出神权、崇尚祭祀造成社会财富巨大浪费而过早夭折”。[27]

赵辉指出：“大约公元前 3000 年，中原地区进入一个各种文化重组的复杂阶段。……结成一个巨大的考古学文化丛体，可以统称为‘中原龙山文化’。这个文化丛体占据了史前农业文化经济区的中心……至此，考古学文化意义上的‘以中原为中心’的态势已经形成。”他认为：“更重要的是，中原社会迫于政治需要而采取的对待不同文化、不同宗教的开放态度，以及位于天下之中的天然地理优势，使得这里成为一个文化、思想和意识形态的熔炉，从而培育出中国文化的凝聚力和政治、外交的向心趋势。”[28]

二、“国家”“国民”与“国土”之“不断裂”

在世界历史上，具有五千年文明历史的地区与国家并不少见，甚至有些地区还有更为久远的文明历史，如西亚的两河流域文明、北非的古埃及文明等，但是世界上作为有着“五千年不断裂文明”历史的国家或地区只有中国。五千年不断裂文明是指作为同一个“国家”、同一群“国民”、同一片“国土”的“不断裂”。

（一）“国家”之“不断裂”

中华五千年不断裂文明的历史由《史记》等“二十四史”记载的“五帝时代”，夏商周的“封邦建国时代”与“秦汉至元明清”王朝的“大一统中央集权国家时代”所组成，其间的不同朝代缔造了“中国”不断裂的“共同国家”的历史。对此，可以从黄帝祭祀与历代帝王庙看出中华五千年文明的“国家”之“不断裂”。

1. 黄帝祭祀与中华五千年不断裂文明

中国历史上的“国之大事，在祀与戎”，“祀”即“祭祀”。祭祀属于礼制活动，礼制是中华文明的重要组成部分。根据历史文献记载，早在黄帝时代，“群臣有左彻者，感思帝德，取衣冠几杖而朝飨之，诸侯大夫岁时朝焉”[29]。这一祭祀活动被黄帝之后的颛顼、帝喾、唐尧、虞舜及夏商周三代继承下来，《礼记·祭法》记载："有虞氏禘黄帝而郊喾，祖颛顼而宗尧；夏后氏亦禘黄帝而郊鲧，祖颛顼而宗禹；殷人禘喾而郊冥，祖契而宗汤；周人禘喾而郊稷，祖文王而宗武王。"

三代祭祀黄帝作为"国之典祀"，也就是国家祭祀。以后各个时代的不同王朝均通过不同祭祀形式，认同黄帝是中华"人文始祖"。"祖"有两重意义："祖宗"与"祖国"（"国家"），其中第二方面尤为重要。中国古代许多王朝的开国之皇帝，多以"祖"称，如：汉高祖刘邦、唐高祖李渊、宋太祖赵匡胤、辽太祖耶律亿、金太祖完颜旻、元太祖成吉思汗、明太祖朱元璋、清太祖努尔哈赤等，而他们各自本朝其他的皇帝一般则称"帝"或"宗"等，也有称"祖"者，但是除了后秦、西秦、南汉"开国帝王"称"太祖""烈祖""烈宗"，后继皇帝称"高祖"之外，未有称"高祖"者。[30]

最早见于"正史"记载"王国"之"国王"祭祀黄帝的是战国时代的秦灵公，他专门为祭祀黄帝修建了"上畤"。[31]考古工作者在陕西宝鸡考古发现的血池遗址出土了有"上畤"陶文的陶器，这应该是"上畤"的遗物。[32]秦始皇在云梦九嶷山、浙江会稽分别祭祀黄帝之后人虞舜、大禹。[33]刘邦在秦末战争之初，被称为"沛公"，于是"祠黄帝，祭蚩尤于沛庭"。[34]汉武帝元封元年于桥山祭祀黄帝陵。[35]

北魏皇室是来自大兴安岭的鲜卑人，公元 415 年明元帝在桥山派使者“以太牢祠黄帝庙。至广宁，登历山，祭舜庙”[36]。太祖道武皇帝“东巡，遂幸涿鹿，遣使者以太牢祠帝尧帝舜庙”[37]。《唐会要》记载：唐玄宗在唐长安城中修建“三皇五帝庙”，祭祀黄帝等。[38]《宋大诏令集》记载：宋代在桥山的“黄帝陵”祭祀黄帝。[39] 至元元年，世祖忽必烈登基伊始，就提出对尧舜禹诸庙的祭祀。[40] 明清祭祀黄帝既在都城修建的帝王庙中祭祀，又在桥山黄帝陵祭祀。

历代王朝祭祀黄帝实际上是国家行为，也就是国家祭祀。这种祭祀活动体现的是从五帝时代、夏商周、秦汉魏晋南北朝至唐宋元明清不同王朝认为其均为黄帝创建的国家继承者，它们说明了中华五千年文明是“不断裂”的、“一脉相承”的。

2. 从“帝王庙”到“历代帝王庙”祭祀

唐玄宗时期，在都城之内修建了祭祀传说时代圣君（“上古之君”与“三皇五帝”）的“帝王庙”，又在那些圣君、帝王的原来都城所在地进行祭祀。[41]

明代是中国古代都城帝王庙的真正“出现”时期，朱元璋在明南京城与明中都分别营建的是“历代帝王庙”。洪武六年（1373）“以五帝、三王及汉、唐、宋创业之君，俱宜于京师立庙致祭，遂建历代帝王庙于钦天山之阳”[42]。

明南京城历代帝王庙中祭祀的18位历史人物，他们不只是传说时代的圣君，更为重要的还祭祀了明代之前中国历史上夏、商、周、汉、唐、宋、元王朝的主要开国君主，其中也将元王朝皇帝置于帝王庙中，标示着明王朝认为元王朝是中国历史的组成部分。因此明代把以前的“帝王庙”发展为“历代帝王庙”。“历代”至关重要，这是跨越“朝代”的“国家宗庙”。尤为重要的是，洪武二十一年（1388），朱元璋又增加37位夏、商、周、汉、唐、宋、元王朝的名臣从祠于历代帝王庙，[43]这些名臣之中有汉族，也有少数民族。这时的帝王庙具有了真正政治意义上的“国家宗庙”，之所以这样说，因为朱元璋把三皇五帝与夏、商、周、汉、唐、宋、元作为一个不同时期连续性王朝的“国家”整体来看待。

永乐徙都北京之后，明世宗嘉靖九年（1530）“建历代帝王庙于都城西”。祭祀的先代圣君、帝王与明南京城历代帝王庙中的基本相同。

清代北京城历代帝王庙沿袭了明代北京城历代帝王庙，但是比明代帝王庙享祀的帝王数量有了大量增加，尤其是一些中华民族中的少数民族建立的王朝帝王，进入历代帝王庙祭祀对象之中。如辽、金、元三代帝王及其名臣，还有明代的国君与功臣。根据《日下旧闻考》记载，乾隆四十九年（1784）依据“国家观念”“正统理念”，提出中国历史上历代王朝的历代帝王均应具有庙享地位，最后使历代帝王庙享祭祀帝王达到188位。清代历代帝王庙的祭祀对象包括了中国古代历史上几乎所有王朝与绝大多数帝王，使历代帝王庙真正成为“国家宗庙”，成为多民族统一国家“完整”历史的缩影。明清历代帝王庙传达的是“尊崇中华统序的一脉相承”，历代帝王庙是“‘中华统绪’不绝如线的标志与象征”。历代帝王庙还表现了“尊重中华统绪的一体多元”。[44]

对传说时代黄帝、历代王朝的历代帝王祭祀，实际上是对共同的“第一国父——黄帝”及共同的“先祖”、共同国家的历朝国家代表人物（国王或皇帝及其功臣）的祭祀。这说明历代帝王庙祭祀充分反映了“中华五千年不断裂文明”，这在世界各国历史上是独一无二的。中华五千年不断裂文明是基于中国历史上多民族对共同国家——中国的认同，对以汉族为主体形成的中华民族的认同，对多元一体的中华民族历史文化的认同。

（二）“国民”之“不断裂”

1. 遗传学、体质人类学与考古学反映的证据

中华五千年不断裂文明的“主体”是创造这一“文明”的“人”之“不断裂”。

中国遗传学研究的新成果显示，5000年来（或者可以

说更为遥远的远古时代以来），东亚地区的古代中国国民的遗传基因延续不断，目前中国境内的绝大部分人的基因与五六千年前的黄河流域中游地区人群基因相近。复旦大学人类学实验室研究发现，“有着共同的文化和语言的汉族人口超过了十一亿六千万（2000 年人口统计），无疑是全世界最大的民族。因此汉文化的扩散过程广受各领域研究者的关注。通过系统地对汉族群体的 Y 染色体和线粒体 DNA 多态性进行分析，我们发现汉文化向南扩散的格局符合人口扩张模式，而且在扩张过程中男性占主导地位”[45]。根据近年来考古学、分子人类学的研究表明，“在距今 6000 —5000 年，华夏族从汉藏语系群体中分化出来集聚在黄河中上游盆地，这就是汉族前身”[46]。这里的远古时代男性，对现代中国人，特别是对中国南方地区中国人的基因贡献尤为突出。也就是说，“中华五千年不断裂文明”的缔造者主要来自黄河流域中游的古人。

古代北方与东北地区少数族群与内地的人群关系，依据田野考古资料，开展遗传学、体质人类学、历史文献学多学科结合研究已经取得重要突破。

北方少数族群以建立北魏王朝的鲜卑人、辽王朝的契丹人、元王朝的蒙古人与内地族群关系最为重要。

据吉林大学分子考古学研究室对北方内蒙古东部地区的汉魏时期鲜卑文化与早期契丹文化遗存研究认为，二者的古墓遗骸 DNA 检测显示其属于具有亲缘关系的同一种族系统。[47] 考古工作者发现的早期契丹文化与北方地区的汉魏时期鲜卑考古学文化具有明显的共性特点。契丹王朝重要官员、贵族耶律羽之的墓志铭记载说明，契丹与鲜卑同出一源。[48] 在辽宁阜新考古发现的辽代永清公主墓志则铭刻：永清公主“其原姓耶律氏，景宗孝彰皇帝（引者按：‘彰’为‘章’的别字。‘孝章’为辽兴宗的谥号，并非辽景宗的谥号，辽景宗的谥号为‘孝成’）之嗣女也，圣宗孝宣皇帝之侄孙。盖国家系轩辕黄帝之后”。[49]

蒙古族起源于唐代的“蒙兀室韦”，考古学家、人类学家通过对考古发现的内蒙古乌盟察右前旗豪欠营辽墓出土的契丹人和东汉鲜卑墓葬的人骨及近代蒙古族人骨的体质人类学比较研究，认为“蒙兀室韦”应溯源于汉代鲜卑。[50]

高凯军在《通古斯族系的兴起》一书中提出：东北地区建立大金王朝与清王朝的女真人，他们就是古代东北亚地区通古斯族，而通古斯语与满语的同源关系，说明西伯利亚的通古斯族应该渊源于黑龙江地区。20 世纪 20 年代初，俄国学者史禄国（原名 C.M. 希罗科戈罗夫，1887—1939 年）提出“通古斯人的原始故乡当在‘黄河和长江的中游和部分下游地区’”。高凯军认为：“我国境内史前时代遗址的发布情况和民族学资料及历史文献记载表明，古代通古斯人最早起源于我国内地。”[51]

复旦大学金力院士团队，通过语言学、遗传学、考古学等多学科的结合，对109种汉藏语系进行研究，探索“中华五千年不断裂文明”的“主人”之“一脉相承”，他们认为：“汉语和藏缅语系的分化时间——即原始汉藏语分化成现代语言的最早年代在距今约5900年前，地点可能在中国北方，因此该语系的起源和分化可能与仰韶文化及马家窑文化的发展有着密切关系。”[52]也就是说，藏族渊源于黄河中上游地区。

2. **中华姓氏发展历史**

姓氏学是通过人们之间的姓氏研究彼此血缘关系。利用“姓氏学”研究“文明”与“人群”“族群”“国民”的彼此关系，在这方面中国有着得天独厚的条件。袁义达、张诚研究认为：中国是世界上最早出现姓氏的国家，大约在新石器时代晚期“姓”已产生。[53]中国人的姓之出现不但有着久远历史，而且姓氏相对十分集中，据统计，在“当今中国流行的前200个姓氏中，出自炎帝姜姓系统的姓氏约占10%，出自黄帝姬姓系统的姓氏约占89%”。也就是说，当今中国人应有99%为“炎黄子孙”。[54]上述中国国民姓氏情况充分说明，作为“炎黄子孙”的中华儿女自新石器时代晚期以来，一代又一代传承、缔造了五千年不断裂的文明历史。

3. 历史上周边“族群”认同源于“炎黄”

五千年来对于中华“人文始祖”的祭祀，反映了中国人五千年来对中国、华夏的国家认同，这些“认同者”不止限于“中原”地区，历史上的“东夷”“西戎”“南蛮”“北狄”的“四夷”人群亦然。[55]

属于“东夷”的“少昊”族群，历史文献记载少昊为“黄帝之子”。[56]

起家于西戎之地的秦人，自称“秦之先，帝颛顼之苗裔”[57]。“西戎”的后人苻洪（前秦皇帝）自称其祖先为“有扈之苗裔，世为西戎酋长”。[58]“有扈”为大禹之后。[59]后秦皇帝姚苌，自认为其祖先“羌酋”是虞舜之后。[60]

“南蛮”的楚人，《史记·楚世家》记载其先祖“出自帝颛顼高阳”。[61]“南蛮”的另一支“百越”，《史记·越王勾践世家》记载其先祖属于“禹之苗裔，而夏后帝少康之庶子也”。[62]而颛顼、夏禹均出自黄帝。

北方地区匈奴则自称：“其先祖夏后氏之苗裔也，曰淳维。”[63]《山海经·海经》则明确指出：“黄帝之孙曰始均，始均生北狄。”[64]

北燕开国皇帝惠懿帝高云自认其是高句丽之支庶的高阳氏之苗裔，也就是说高句丽系出自黄帝之孙高阳氏颛顼。[65]

大兴安岭地区的北魏鲜卑人，自称：“魏之先出自黄帝轩辕氏，黄帝子曰昌意，昌意之少子受封北国，有大鲜卑山，因以为号。”[66]

中古时代及以后建立辽、元王朝的契丹、蒙古（蒙兀室韦）族群，他们均源于汉代的鲜卑。[67]

金朝为女真人所建，女真可溯源于商周之际东北地区的肃慎，[68]汉晋称挹娄，南北朝称勿吉，隋唐称黑水靺鞨，辽称女真。在黑龙江镜泊湖地区、吉林松花江中上游的吉林市与永吉县之间，考古发现的距今3000年左右的莺歌岭文化与西团山文化，学术界一般认为它们属于历史记载的“肃慎”族群的考古遗存。特别值得提出的是，这些西团山文化遗存中的鼎、鬲、甑等陶器与中原地区同时代的同样陶器基本相同。这就说明3000年前的东北地区的“肃慎”考古学文化与中原文化的密切关系。因此，史载金宣宗贞祐四年（1216），参议官王浍与金朝女真贵族完颜海奴谈到，“本朝绍高辛，黄帝之后也”[69]。

关于建立清王朝的女真，以后又称满族，清王朝的统治者认为，他们与大金王朝的女真是同一民族，因此《清史稿·太祖本纪》载：“其先盖金遗部。”[70]

（三）“国土”之“不断裂”

早在6000多年前，也就是考古学界现在所说的“早期中国”考古学文化主体——仰韶文化主要分布在“陕西关中地区、河南大部分地区、山西南部、河北南部，远及甘青交界、河套地区、河北北部，湖北西北部也有一些发现”[71]。而仰韶文化的庙底沟文化范围要比以上传统所说的仰韶文化分布范围更大。

承袭黄河流域中游的庙底沟文化的是河南龙山文化，中华五千年不断裂文明的主要源头是上述考古学文化，也就是历史文献记载的“五帝时代”。“五帝时代”始于黄帝，《史记·五帝本纪》记载黄帝建立的“有熊国”的范围：“东至于海，登丸山，及岱宗。西至于空桐，登鸡头。南至于江，登熊、湘。北逐荤粥，合符釜山。”[72]这与庙底沟文化分布区基本一致。这一范围在“中华五千年文明”发展史上不但没有“断裂”，反而得到承袭，并在秦汉至明清时代得到不断巩固和发展。

三、中华文明五千年不断裂的“物证”

就中华文化来说，“文明社会”形成的物化载体集中体现在与“国家文化”密切相关的都城、陵墓、文字、礼器之上，它们是中华五千年不断裂文明的最重要“物化载体”。

（一）古代都城规制理念一脉相承

恩格斯在《家庭、私有制和国家的起源》中指出：“在新的设防城市的周围屹立着高峻的墙壁并非无故：它们的堑壕成了氏族制度的墓穴，而它们的城楼已经高耸入文明时代了。”[73]这个比喻形象地说明，城市（都城）的出现意味着国家的出现与“原始社会”被送进“历史博物馆”。王国维认为：“都邑者，政治与文化之标征。”[74]

自“中华五千年文明”形成以来，具有同一“规制理念”的都城（都邑）延续不断，并使这一“规制理念”不断发展。从新中国70多年来的考古发现与研究来看，夏商周三代都城，至秦汉、魏晋南北朝、隋唐宋与辽金元明清都城，其选址、布局形制等规划理念一脉相承，并被视为国家统治者政治“合法性”的“指示物”与中华文明核心政治理念“中和”的“物化载体”。这在古代世界历史上是极为罕见的，它凸显了“中华五千年不断裂文明”的特点。

1. 古代都城选址的“择中”理念

古代都城选址的“求中”“择中”理念之五千年来的“不断裂”，从都城遗址的考古发现与出土文献记载得到佐证。

（1）陶寺城址的“择中”考古发现

20世纪90年代末至21世纪初，考古发现的陶寺城址位于山西襄汾。考古学界一般认为这是中国古代都城遗址中，目前考古发现的时代最早、内容最全的都邑城址。而历史文献记载的“尧都平阳”之“平阳”就在陶寺城址所在地的襄汾。因此，考古发掘者与历史学家认为陶寺城址应为“尧都”。[75]其中，20世纪80年代与21世纪初在陶寺遗址考古发现的两座墓葬出土了与“测中”有关的“槷（niè）表（古代测中的仪器，后称圭表）”等遗物，[76]它们可能折射了陶寺城址当年选址的“求中”理念。

（2）虞舜“求中”于“历山”

清华大学藏战国时代竹简《保训》篇记载：虞舜“求中”于“鬲茅”，[77]“鬲茅”即古文献之“历山”，在今河南濮阳与山东菏泽一带。[78]近年来，这一区域发现大量与虞舜同时期的聚落遗址和一些重要城址。这与《保训》记载的舜“求中”相对应。

（3）上甲微“求中”于“嵩山”

《清华简·保训》篇记载：商汤六世祖上甲微为夏禹“求中”于嵩山。[79]目前，考古发现的夏代都邑河南登封王城岗城址、新密新砦城址、二里头遗址及商代早期都城郑州商城、偃师商城遗址所在地均在“大嵩山”地区。[80]

周武王灭商，建立周王朝，其都城选址明确提出要在国家的中心。《史记·周本纪》记载：“成王在丰，使召公复营洛邑，如武王之意。周公复卜申视，卒营筑，居九鼎焉。曰：‘此天下之中，四方入贡道里均。’”[81]，1963年，陕西宝鸡出土的西周初年青铜器“何尊”之铭文：“宅兹中或”[82]之“中”即“天地之中”的“中”，“或”即“国”，《周礼·考工记》记载“国中九经九纬”之“国”即“都城”。《诗经·大雅·民劳》：“惠此中国，以绥四方。”毛传：“中国，京师也；四方，诸夏也。”[83]《史记·五帝本纪》：“夫而后之中国，践天子位焉。”裴骃《集解》：“刘熙曰：‘……帝王所都为中，故曰中国。’”[84]

因此可以说，从文献记载与考古发现两方面来看，中华文明形成伊始的国家都城就规划在国家空间的“中央”。《吕氏春秋·慎势》指出：“古之王者，择天下之中而立国。”《荀子·大略》亦云：“欲近四旁，莫如中央，故王者必居天下之中。”

三代都城以中岳嵩山地区为“天地之中”，随着国家空间范围扩大，以嵩山为中心的“大中原”范围扩及鲁西南、关中东部、晋南及河南大部。三代以降的都城，在中古时代之前的各“大一统”王朝都城基本在长安与开封之间的东西轴线上，夏商周、秦汉、魏晋、唐宋王朝都城均“择中建都”于这一“广义”之“天地之中”。进入中古时代以后，隋唐大运河开通，国家都城由中古之前选址的长安——开封的东西南北之“中”，发展为辽金元明清都城的居国家南北之“中”，由于辽金元明清王朝国家经济中心的“东移”，政治上北方族群的崛起，考虑女真、蒙古等北方族群多起家于大兴安岭、蒙古高原一带，于是始都北京的海陵王认为燕京乃“天地之中”，[85]这正是反映了海陵王的“正统”之

“择中建都”原则。[86]都城“择中”从“中原”转移至“燕京”（今北京），海陵王从“择中建都”理念、实践上营建的金“中都”，开创了中国中古时代后期，元明清王朝定都北京的先河。

2. 古代都城形制的发展

目前考古发现的中国古代都城遗址，可以上溯至距今4000多年前的陶寺城址，其都城由宫城与外郭城组成，这种“双城制”都城延续至魏晋洛阳城。南北朝时期发展为宫城、皇城与外郭城的“三城制”都城，此后这一都城形制一直沿袭到明清北京城。

中国古代都城之宫城平面多为正方形或近方形，如二里头遗址、偃师商城、魏安邑城、汉长安城、东汉洛阳城、隋唐两京、北宋东京城之宫城等。也有的宫城平面为长方形，如魏晋与北魏洛阳城、元大都与明清北京城之宫城等，但其皇城一般多为方形。有的都城的平面也是方形或近方形，如：洹北商城、东周鲁国故城（鲁国曲阜城）、汉长安城、隋唐长安城、北宋东京城、金中都、元大都等。都城由于面积大，其地形相对比较复杂，有的都城只能是将都城平面规制成近似方形。就世界古代城市而言，古代城市的方形或近方形平面是中国古代城市形制的重要特色之一，它是基于“天圆地方”哲学观与“中”相对“四方”均等的政治理念。[87]

古代都城之“中”的主体建筑是宫城、宫殿、宗庙、官署等，宫城是都城的“政治中枢”，都城以宫城为核心。王国时代宫城以大朝正殿与宗庙为核心，帝国时代宫城以大朝正殿为核心，大朝正殿成为都城“中轴线”的“基点”。以大朝正殿为中心的“左祖右社”是帝国时代中国古代都城的最大特点。[88]

都城与其他城市的不同，还表现在帝国时代的都城城门“一门三道”，都城及宫城四面辟门。根据目前考古发现资料来看，至少自北魏洛阳城及其以后的都城之宫城正门均为“一门三道”。这是都城作为国家政治中心的政治理念进一步强化的表现。都城城门与宫城宫门是“国家”的“门面”与“象征”，“一门三道”之“中道”突出了“国家”之“中心”理念。都城与宫城四面设置城门与宫门形成“四门”则体现了“中央”相对“四方”的“公允”“公平”“公正”，也是中国古代政治文化的“中和”政治理念的体现，是“中华五千年不断裂文明”始终如一的“大一统”核心政治观的“物化载体”。

（二）帝王陵墓

《吕氏春秋》记载“陵墓若都邑”，也就是说古代帝王陵墓是仿照都城修建的，可以说帝王陵墓是都城的缩影。因此在中国古代历史上，帝王陵墓历来是国家工程，几乎与都城构建一样重要，“帝王陵墓文化”亦为古代王朝的“国家文化”。任何王朝的统治者，不论其是中华民族哪个族群，是否传承这一“国家文化”，都意味着是否对中华民族的“国家认同”。通过古代帝王陵墓规制研究，可以从一个侧面再现“中华五千年不断裂文明”。

目前，中国考古发现最早的帝王陵墓是安阳西北岗的殷墟商王陵，其墓室平面为“亜”字形，也就是墓室四面各辟一墓道，形成墓室的四面各一门道，[89]这一帝王陵墓制度一直延续至西汉帝陵。[90]就目前考古发现而言，殷墟商王陵的墓室四面各辟一墓道，实际上是秦汉时代开启的都城、宫城四面辟门规制之源头。

东周时期“墓而不坟”传统被冲破，墓室之上出现了“封土”（即“坟”），与此同时，帝王陵封土周围构筑了陵园，陵园四面各辟一门，它们分别对应其陵墓的“四墓道”及陵墓地宫，这应该是宫城辟四门与大朝正殿基本相对的“阳间世界”的“阴间”之“翻版”。[91]

东汉帝陵为帝后同坟同穴合葬，墓葬为南北向长斜坡墓道的“甲”字形明券墓，墓道一条为南向。这一变化改变了自商代晚期以来帝王陵墓设置东西南北四条墓道的传统，但是帝陵规制仍然是延续未变，这主要反映在陵园仍然是设置东西南北“四门”，对“活人”而言陵园置“四门”比“亜”字形陵墓的“四墓道”更使人们直观意识到陵园辟四门这是宫城开四门的再现，这一规制与中国古代社会帝王陵园四门规制相始终。[92]

在中华五千年文明发展史中，汉唐之间的南北朝时期是中国古代历史上第一次大规模多民族融合时期，也是“中华五千年不断裂文明”的大发展时期，其中尤其以北方地区最为突出。如北魏、东魏、北齐、北周等王朝的统治者，他们均为北方少数族群，但是作为其陵墓，理应是一个国家、族群最稳定、最“保守”的“文化”。从已经开展田野考古工作较多的洛阳北魏孝文帝长陵、宣武帝景陵，洛阳北邙北魏鲜卑贵族墓、山西大同的北魏云中金陵、平城永固陵与万年堂、[93]河北磁县的东魏与北齐帝陵[94]、陕西咸阳北周武帝陵墓等，[95]可以看出其帝王陵墓文化与该地区的传统“帝王陵墓文化”基本一致，而与他们原来的族群所在地墓葬文化差异甚大。这也反映了他们的“华化”进程与深度。

唐代帝陵在秦汉、魏晋南北朝帝陵基础之上，陵墓的地面设施更为完备，陵园与陵区更进一步仿效都城及宫城，其中以唐高宗与武则天的乾陵最为典型。[96]

北宋帝陵继承了汉唐帝陵特点，陵墓如汉陵的积土为冢，封土为覆斗形。北宋帝陵除永安陵之外，均取西汉帝陵的“帝、后同茔不同穴”制度，帝陵与后陵各自一座陵园。皇帝陵园与皇后陵园平面均为方形，四面中央均各辟一门，以南门为正门，陵园四角各置一角楼。[97]宋陵神道石像生则继承唐陵传统，唐宋帝陵神道石刻直接影响到中古时代后期的辽金元明清帝陵。

辽代帝陵主要分布在辽上京附近的内蒙古巴林左旗，地宫设南北排列的前、中、后三室，前、中室东西两侧各有附室。辽陵“依山为陵”“凿山为藏”，陵前设置石像生，这些与唐陵基本相同。陵墓附近有祭祀性建筑，沿袭了秦汉帝陵传统。辽陵总体上继承了汉唐陵寝制度特点。[98]

西夏帝陵布局结构大体相近，帝陵方向均为坐北朝南。帝陵陵园由内城与外城组成，内城平面为方形或长方形，四隅各置一座角楼，四面中央各辟一门。陵台在内城西北部，献殿在内城南门内偏西处。内城南部为月城，其中列置石像生。在内城和月城之外再筑一重城垣，形成外城，外城南部有高大双阙。刘毅认为：“从已知考古资料来看，西夏王陵制度明显受到唐、宋皇陵制度的影响。”[99]

金陵位于北京市房山区周口店镇龙门口村北，主陵区坐落于九龙山。主陵区平面布局采用中国传统的建筑模式，由南向北依次为：陵区入口的石桥，由石桥进入神道、石踏道、东西台址、东西大殿、陵墙及地下陵寝等组成。[100]

金代皇室为女真人，历史文献记载，女真人原来葬俗简单，“死者埋之而无棺椁，贵者生焚所宠奴婢、所乘鞍马以殉之”[101]。金代皇陵制度确立，始于海陵王。这与海陵王徙都燕京，营建金中都是一致的，应该属于海陵王“慕华风”的产物。相对辽代被宋金联合所灭而言，使金王朝灭亡北宋王朝，统治了“大半个中国”，这与海陵王的“慕华风”的政治态度是密不可分的。

关于元代帝陵的考古学研究，至今还有许多问题说法不一。但是元代帝陵与唐宋、西夏辽金帝陵完全不同，这是基于元代统治者考虑的社会矛盾影响到的陵墓安全而采取的不同埋葬方式。但是，从北京地区考古发现元代高等级蒙古族贵族埋葬来看，他们还是基本传承了中原地区“葬俗”与“葬仪”。也就是说元代统治集团在墓葬文化上被“华化”。如北京海淀区颐和园附近考古发掘的元朝光禄大夫监修国史中书左丞相耶律铸墓[102]、北京市东城区龙潭湖元朝勋贵铁可墓及其父斡脱赤墓为石椁墓等。[103]上述北京地区发现的元朝高等级权贵墓葬，其基本考古学文化与内地宋金时期的墓葬文化是一致的。

明代帝王陵墓主要包括江苏盱眙明祖陵、安徽凤阳明皇陵、南京明孝陵与北京明十三陵。明太祖十分重视“国家文化”或“社会大传统”的传承，其中对于国家的祭祀、舆服、职官等要求“悉从唐制”。明代帝王陵墓在中国古代帝王陵墓发展史上，与以前相比较，其在陵区布局中更为突出不同地方都城的创始帝王之帝陵的中心地位，这是“国家至上”意识的反映。如，明成祖迁都北京，因此北京明十三陵以明成祖长陵为核心，“从各陵排列与分布来看，明代初年的成祖长陵、仁宗献陵、宣宗景陵和英宗裕陵的位置排列，遵照了古代的昭穆制度”[104]。而“昭穆制度”是中国古代社会“家国”礼制的核心。这一陵区规制为清东陵与清西陵所承袭。

明孝陵、明十三陵的陵区、陵园的形制布局基本与唐宋帝陵大同小异。这也佐证了明代“悉从唐制”。

女真人建立的清王朝，设置帝王陵寝三处：一是女真人入关之前的“盛京三陵”（永陵、福陵与昭陵），二是清东陵，三是清西陵。

女真人建立清王朝之前，其葬俗上至达官显贵，下到一般百姓流行火葬。[105]在盛京三陵与清东陵、清西陵我们看到的帝王陵寝制度则完全不同，追溯其源，我们可以看到清代帝陵形制可上溯至唐、宋、明之帝王陵寝制度。

历史上最早的王陵是3300年前的商王陵，中国古代帝王陵墓结束于明清帝陵。中国古代历史上各个族群建立的王朝之帝王陵墓，均体现着“陵墓若都邑”的文化理念，它承载着中国古代历史的不断裂文明。我们从明清帝陵、辽金元、唐宋上溯至商王陵，可以看出其“文化”上的一脉相承。它们主要表现在以下几个方面：

其一，有国家就有了帝王，有帝王就有帝王陵墓。中国历史上的传统是一般人去世以后，要“叶落归根”，埋葬在自己的家乡。国王、皇帝以“国”为“家”，帝王只要是

“正常”（即仍然具有帝王名分）去世，那么他们就应该埋葬在国家都城附近。

其二，帝王陵墓从殷商、西周只有“墓”，到东周以后帝王墓之上出现“坟”，陵墓周围营建“陵园”，目前所知秦汉至明清帝陵陵园均设置“四门”。东汉至明清时代帝陵从过去“亜”字形四墓道发展为“甲”字形一条墓道，应该与陵园辟“四门”有关，后者地上“四门”具有前者地下“四墓道”功能。

其三，东汉魏晋南北朝时期帝王陵墓的陵园之外神道两侧排列有石像生，这是中华历史文化中的朝仪象征，此规制一直延续至明清帝王陵墓。

中国历史上的不同王朝统治者有中原地区的，也有来自周边地区族群的，因此说这些帝王陵墓的主人出生于不同地区、不同时代、不同族群，有着各自不同的葬俗，但是他们作为中华民族不同王朝的“国家最高统治者”，传承着属于“国家文化”性质的共同的“帝王陵墓文化”，这些“帝王陵墓文化”成为“中华五千年不断裂文明”的物化载体。

（三）礼制建筑与礼器

《左传》文公二年载：“祀，国之大事也。”[106]“祀”即“祭祀”，“祭祀”属于礼制活动，这是中国古代国家的重要职能，“礼制”是“中华文明”的标识与“中华五千年不断裂文明”核心文化基因之一。作为“祭祀”的“礼制”，其物化载体主要是礼制建筑与礼器。

1. **礼制建筑的发展与延续**

礼制建筑是基于中华文明的“祖先崇拜”及“天地人”的朴素唯物主义哲学观（即“人”的存在是基于“天”与“地”）而设计的。

从考古学研究而言，作为国家礼制活动的“平台”一般是礼制建筑，它们主要是宗庙、社稷、明堂、辟雍、灵台、圜丘（天坛）、地坛等，其中宗庙、圜丘遗址等考古工作开展较多，文献亦多有记载。

“宗庙”在中华文明中占有十分重要的地位。考古发现早期宗庙一般与宫殿均在宫城之中，形成“宫庙”结合格局，这也为“中华五千年不断裂文明”的“家国”体系奠定了深刻的思想基础，它们突出的是“祖宗崇拜”与“国家至上”理念。至于各种各样的“神”在宫城之中没有它们的一席之地，这就是中华古代文明与西方古代文明的最大不同。考古发现的夏代二里头遗址宫城、偃师商城宫城之中的西东宫庙并列于宫城北部，形成“东庙西宫”格局；降及东周秦雍城中部的马家庄的东西并列的宗庙与宫殿遗址。秦汉时代宗庙移出宫城，汉长安城遗址考古发现了最早的都城“大朝正殿”居中与“左祖右社”的礼制建筑布局，并一直与中国古代社会都城礼制建筑规制相始终，其中虽然有北魏洛阳城、金中都、元大都、清北京城等少数族群建立的王朝，但是其都城之中的“左祖右社”礼制被历代王朝所沿袭。

“天地”在中国历史文化中，有着特殊的意义。中国古代从帝王到百姓的先民均把“天地”视同“父母”，这应该是古人最朴素的唯物主义思想。对“天地”的祭祀成为上至国王、皇帝，下到庶民百姓的重要精神信仰。尤其是历代王朝不同族属的统治者均以国家的名义，在都城构建的祭祀“天地”的“平台”——天坛（圜丘、南郊坛）与地坛（北郊坛），使之成为古代中国“天地观”的物化载体。

考古发现的“祭天”遗址以战国时代到西汉时代的凤翔雍城血池祭天遗址最早。唐长安城圜丘遗址考古发现显示，它与清代北京城的“祭天”礼制建筑“天坛”一脉相承。至于历史文献记载的几千年来古代礼制建筑，内容丰富，十分清楚地向人们展示，礼制文明在中华五千年文明发展史上始终没有“断裂”。

2. 礼器的发展与延续

中国历史上的礼器很多，我认为“青铜鼎”和“玉圭”无疑是佐证“中华五千年不断裂文明”中最为重要的礼器之代表。

（1）“鼎”：生命力最强的“礼器”

鼎的考古发现可以追溯至 8000 多年前的新石器时代中

期裴李岗文化。[107]“鼎”作为礼器有着久远历史，《史记·封禅书》记载：“黄帝作宝鼎三，象天、地、人。”[108]《左传》宣公三年亦载：“昔夏之方有德也，远方图物，贡金九枚，铸鼎象物，……用能协于上下，以承天休。桀有昏德，鼎迁于商，载祀六百。商纣暴虐，鼎迁于周。”因此“鼎”在先秦时代是重要的礼器，它成为那个时代政治地位的象征。《春秋公羊传》桓公二年何休注：“祭天子九鼎，诸侯七、卿大夫五、元士三也”。[109]“鼎”的“政治色彩”一目了然。《春秋左传》宣公三年记载“成王定鼎于郏鄏”，注“郏鄏今河南也，武王迁之成王定之”。[110]文献记载：“周自知不能救，九鼎宝器必出。据九鼎，案图籍，挟天子以令于天下，天下莫敢不听，此王业也”[111]。有的学者认为，“鼎”随着青铜时代的结束、铁器时代的到来，它失去了“过去”的“辉煌”。其实这是一种误解，秦汉王朝开启的帝国时代，使先秦时代的许许多多礼器已不再辉煌如旧，而唯独“鼎”在传统青铜礼器中的“地位”进一步“凸起”，成为“国家”的“最重”之“重器”。“鼎”被认为是国家“大吉大利”之象征，秦始皇“过彭城，斋戒祷祠，欲出周鼎泗水。使千人没水求之，弗得”[112]。历史文献记载：武帝公元前 116 年“得鼎汾水上”，于是改纪元“元鼎”，为此于同年“夏五月，赦天下，大酺五日”[113]。

“鼎”在中古时代以后经过华丽转身，以“香炉”形象作为祭祀祖先的重要“礼器”而继续保持着它的高贵身份。“香炉”作为“供具”放在供桌的中央，由此不难看出“鼎”在中国人心中的特殊地位。

“鼎”在中国的语言、文字中留下它唯其独尊的至高形象。千百年来，中国人家喻户晓的“问鼎天下”“定鼎中原”“一言九鼎”等在这里的“鼎”成为国家的象征，同时也说明“鼎”与“中华五千年不断裂文明”一直在中华民族历史发展的长河中“形影不离”“结伴前行”。

“鼎”在中国人的心目中是十分神圣的。“鼎”是中华民族精神文化的象征，是国民对中国悠久历史文化认同的物化载体。至今，中国在国际交往与国家重大政治活动中，仍会把“鼎”作为国家文化的象征。1995 年 10 月 21 日，为庆祝联合国成立五十华诞，中华人民共和国向联合国赠送一尊巨大的青铜“世纪宝鼎”；2006 年，为庆祝西藏和平解放 50 周年，中央政府向西藏赠一尊“民族团结宝鼎”，矗立于拉萨人民会堂广场，象征民族团结和西藏各项事业鼎盛发展，这些举措都寓意深远。[114]

（2）玉圭

考古发现与历史文献记载均说明，作为“礼器”的“玉器”在新石器时代与夏商周时代，备受重视，而在“玉礼器”中，又以“玉圭”作为“中华五千年不断裂文明”的物化载体最为突出，“生命力”最强。

历史文献记载五帝时代的唐尧因夏禹治水之功，而赐其“玄圭”，[115]这奠定了夏禹创建夏王朝的政治基础。有学者认为，夏代的“政治信物”——“玉璋”实际上就是“玄圭”，《说文》卷 13 土部：“剡上为圭，半圭为璋。”《礼记 · 礼器》记载：“圭璋特。”孔颖达疏：“圭璋玉中之贵也，特谓不用他物比之也，诸侯朝王以圭，朝后执璋，表德特达不加物也。”[116]

与二里头遗址出土玉璋、石璋相同或相近的遗物在南自广东、福建，北到长城地带，西起黄河上游与长江流域上游的四川盆地，东达东部沿海广阔区域多有发现。上述地区发现的夏王朝前后的玉圭、石圭可能有相当多的是从二里头遗址扩散出去的，或受到二里头遗址的圭、璋之影响，这些圭、璋作为“政治信物”的扩散与接受，应该是对夏王朝的“政治认同”与“文化认同”，这与夏禹接受虞舜赐予“玉圭”似有相近政治意义。

玉圭作为“文明社会”的政治身份标识，备受统治者及社会“上层”的重视。夏商周时代，朝廷已经把各种形制大小与纹饰不同的玉圭颁发给不同的官员，作为其爵位与身份的徽标。

秦汉王朝结束了 2000 多年的王国时代，开创了中国历史上的帝国时代，玉圭在诸多玉礼器中得到更为突出的重视。如：1975 年，在山东烟台芝罘岛阳主庙遗址考古发现两组秦代玉器，每组均为："圭一件，璧一件，鹧两件"，[117]这批成组的玉器可能是秦始皇登芝罘岛祭祀"阳主"时所瘗埋的。[118]

历史文献记载，汉代天子祀上帝、本朝帝王、宗庙、大河、天地皆用圭，[119]这方面的考古发现颇多，如：陕西凤翔的秦汉血池遗址考古发现的皇帝祭天的祭祀坑中的"玉圭"（玉璋）。[120]汉太上皇陵建筑遗址与太上皇陵之间，"曾出土过为数不少墨绿色玉圭，据推测这些是当时祭祀用品"[121]。在汉景帝阳陵的二号建筑遗址（陵庙遗址），出土了成组的玉圭与玉璧礼器。[122]1962 年，考古工作者在陕西兴平市汉武帝茂陵调查时，在茂陵白鹤馆遗址南曾出土过大批的玉圭。[123]在昭帝平陵与孝昭上官皇后陵之间"分别发现了东西向排列的成组玉器，每组间距约 2 米。每组玉器均由玉璧和玉圭组合而成"。在汉成帝延陵"陵园南门附近曾出土过整齐的玉圭和玉璧"。[124]

汉代以后，玉圭仍然是国家重大活动的重要礼器。有人认为汉代以后"礼器已不再作为随葬之用"[125]，其实不然，唐惠昭太子陵出土了玉圭。[126]唐长安城大明宫含元殿遗址东侧，考古发现了皇室"燎祭"时使用的礼仪玉器的"圭璧"。[127]

降及明代的帝陵之中仍然以玉圭为重要礼器随葬，1956 年，在明定陵中曾出土了八件玉圭。1980 年发掘的明益王二妃棺内各有仿制的玉谷圭一枚。

"笏板"与"牌位"应从"玉圭"发展而来。有的学者已经提出:"据《礼记》记载,诸侯朝见天子时或大夫访问他国时,以及举行射礼时,都必须手持细长的板状物'笏'。依持有者身份的不同,它的形状、大小和材质都有差别,分别用美玉、象牙和带有不同装饰的竹制成。'笏'的形状和使用它的一套程序,与'玉圭'极为相似,很可能是由玉圭转化而成的。"[128]中古时代及其以后,在帝王陵墓神道之上的石像生,其中的文官石像,其胸前双手所持的"笏板"应该就是玉圭的"转型"。至于在祠堂、宗庙供奉的祭祀祖宗之"牌位",就其形状与文化内涵而言,也应该与"玉圭"密切相关。

(四)文字反映的中华文明五千年不断裂

学术界大多认为距今5000年左右,中国的汉字已经出现,中国各地考古发现的新石器时代晚期与末期遗存中的不少"符号"已经具有"文字"特点,有的学者称之为早期"文字"。再晚一些的,如距今约4300—4100年的山西襄汾陶寺遗址中已经考古发现了可以确认的文字,而且其一直延续到现在。殷墟甲骨文的发现,可以说是已经"成熟"的文字。继之,西周青铜器铭文、东周陶文与盟书、简牍、帛书之上的文字,这些是在商周甲骨文基础之上进一步发展的"大篆""小篆"及"六国文字"。秦始皇建立了多民族统一的中央集权国家,他采取了"统一文字"的国策,为维护国家的统一、增加国家文化的凝聚力，作出了永载中华史册的巨大贡献。正是由于秦始皇的“统一文字”于“小篆”，经汉唐时代，由“小篆”至“汉隶”“楷书”，至今使汉字成为“中华五千年不断裂文明”的突出代表。就世界各国而言，类似情况是极为罕见的，甚至可以说是绝无仅有的。

由五千年不断裂的中国文字历史，形成的五千年不断裂的中国历史文献在世界史上更是极具特色的，其中的“二十四史”在世界各国历史文献发展史上是独一无二的，是全世界唯一的一个国家保存着“五千年不断裂”的完整国家主导编纂的历史文献。“二十四史”既是“中华五千年不断裂文明”的历史文献，又是“中华五千年不断裂文明”的科学佐证。

文字作为一种“形而上文化”，它不同于其他文化，文字是看得见、摸得着的“文化”。就世界古代文明而言，绝大多数文明的形成与文字密不可分，两河流域的楔形文字、古埃及的象形文字、古印度的哈拉本文字等，产生了相应的两河流域文明、埃及文明、南亚次大陆文明。中华文明的文字，始于新石器时代晚期陶器之上的刻画“符号”，有的学者认为它们就是中华文化的早期文字。此后，进入青铜时代的甲骨文则是已经成熟的文字，再后就是周代青铜器的铭文，东周、秦汉及以后大量考古发现的“简牍”“帛书”“陶文”“石刻文字”等。正如周有光所说：“从甲骨文到小篆，汉字有明显的图形性。为了书写方便，文书人员把图形性的线条改成‘笔画’，就成了‘隶书’。从篆书到隶书的变化叫作‘隶变’。隶变使汉字的图形性完全消失。隶书是汉朝的通用字体。隶书写得平整就成‘楷书’。楷书盛行于东汉，一直到今天，是正式的字体。”[129]这就是“中华五千年不断裂文明”中的文字发展史。

四、结语：从“中和”到“国家认同”的“中华文明五千年不断裂”

“中华文明五千年不断裂”的主要成因是5000年来华夏族群对中华文明的认同，并在其历史发展进程中由这种认同形成中华“核心文化基因”。“中国的核心文化基因是‘中’，‘中’是东南西北的汇聚，‘中’，就是根。中国是从‘中’来的，建国要立‘中’，建都要立‘中’……最后国家也叫‘中’，这时中国的国家是指天下，要东西南北中，因此皇宫要建在都城正中间，皇宫里象征国家的大朝正殿要建在宫里的正中间。”[130]这一都城规制原则从夏商周至唐宋辽金元明清王朝历代都城延续不变，在其几千年的不断发展中越来越“强化”。

与“中”对应的是“和”，“择中建都”对国家东西南北而言就是“和”；“和”在都城的体现是都城四面辟门代表国家“四方”与国家缩影都城之“和”；宫城四面辟门代表国家东西南北与宫城作为国家政治中枢之“和”。

“中”与“和”是辩证统一关系。从文化上来说“多元一体”的“一体”为“中”，“多元”是“和”，“一体”是核心。就政治文化而言，“一体”是“国家认同”“中华民族认同”“中国历史文化认同”。

“中和”之“中”的政治上“大一统”与“和”之“有容乃大”，成为“中华五千年不断裂文明”的又一核心文化基因，对中国历史文化产生深刻影响，从百姓的“家和万事兴”，到国家的民族“和亲政策”，不同“汉传宗教建筑”及“儒道释三教合一”所体现出中华文明的“和为贵”，以及中国历史优秀文化传统的“有容乃大”之“中和”理念所铸造的多元一体“中华五千年不断裂文明”。

“中”是“国家认同”的思想基础，“国家认同”是对国家公民、社会群体（包括不同民族、不同宗教）的基本要求，在世界各国的历史与现实中都是一样的。作为有着五千年不断裂文明的古国，在“国家认同”方面，中国有着更为悠久的优秀历史文化传统，这一传统在“中华五千年不断裂文明”中表现尤为突出。“国家认同”高于其他任何“认同”，这一认同实质上是对国家的“政治认同”。

“中”是“国家文化基因”，关于“中”的理念之出现，似乎早在新石器时代晚期仰韶文化中已经萌发，其中6400

年前在河南濮阳考古发现的仰韶文化的濮阳45号墓的蚌塑“北斗”，其北斗勺柄即以人的胫骨象征测影之髀表即“槷表”，“‘中’的本义乃取槷表不偏不倚的中正状态”，因此冯时认为濮阳西水坡45号墓考古发现的“周髀”（槷表），说明那时濮阳西水坡先圣认为那里就是“天地之中”。[131]这一“居中”观念的形成与新石器时代晚期中华大地中原仰韶文化居于“东西南北”史前文化之“中心”的分布格局是一致的。仰韶文化庙底沟时代出现的“执中”观念为其后的中原龙山文化（五帝时代）及夏商周、秦汉魏晋南北朝、隋唐宋辽金元明清王朝所继承、发展，它们与“国家”政治文化息息相关，在中华五千年国家历史发展中一直延续，成为中华文明的“国家文化基因”，其物化载体表现形式如国家“择中建都”、都城“择中建宫”、宫城“择中建庙（宫庙）”；都城、宫城“辟四门”；都城城门与宫城正门均为“一门三道”等。上述所有“形而下”的物化载体，它们折射出的是“形而上”的中国人的“中”“中和”核心理念与“家国一体”及“国家至上”思想。

在以上所述“中华文明五千年不断裂”中，我们可以清楚地看到，其中的“中华文明五千年”之“不断裂”的发展是“不变”的，“不变”的是其核心理念“中”与“中和”；至于其形式也在随着时代发展而变化，但是这种“变化”是“万变不离其宗”，这个“宗”就是“国家认同”的强化。比如，作为“中”从王国时代都城的宫城之“宫庙”（宫殿与宗庙）居宫城之中的“二元政治”（血缘政治与地缘政治）之“中”，到帝国时代都城之宫城大朝正殿居中的“一元政治为主”（地缘政治），再到帝国时代都城“左祖右社”与“中轴线”的全面形成，可以看到就是“不断裂文明”的“中”之理念（即“国家意识”）随着历史发展而越来越强化。中国古代都城发展史揭示的都城城门从王国时代的“一门一道”到帝国时代的“一门三道”，再到中古时代的“一门五道”，无疑是“中”的理念越来越“强化”的反映。至于“断裂的文明”就是随着历史发展被淘汰的“变异基因”，这就是“中华五千年不断裂文明”的“大一统”之“国家认同”的历史发展之必然，也是“中华五千年不断裂文明”传承中的发展脉络与历史逻辑。

中国封建社会国家治理及现代启示

卜宪群

历史学家，中国社会科学院古代史研究所所长，中国秦汉史研究会会长，国家社科基金评审委员会委员。

在儒家观念中，“大”意味着重视、尊重；“一统”并不仅仅意味着领土统一，更重要的是国家秩序与社会秩序的构建，蕴含着政治清明、社会稳定、经济文化繁荣。没有这三点，就不是完整理想的“大一统”。秦统一后，“大一统”的国家治理始终是历代封建王朝面临的重大问题。

民本思想强调，国家治理要重视民意，君与民、政与民的关系而非神与民、天与民的关系，是决定国家兴衰的关键。《尚书》中说：“民可近，不可下。民惟邦本，本固邦宁”，意指为政要亲近人民，不能轻视与低看；人民是国家的根基，根基牢固了，国家才能安定。

马克思主义认为，国家是社会在一定发展阶段上的产物，是社会分工、私有制产生、阶级分化，即社会经济关系发展到一定阶段的结果。国家是阶级统治的机器，具有鲜明的阶级属性，但国家又是整个社会的正式代表。统治阶级为了维护其整体利益，不至于在斗争中同归于尽，国家还应协调各阶级阶层利益，实施公共管理，履行国家治理的职能。在漫长的历史进程中，我们的祖先运用杰出的智慧，顺应社会发展需要，创造了先秦奴隶制国家和秦汉至明清的封建制国家两大治理制度体系。清代晚期，在封建社会内部矛盾重重和世界大势的影响下，1911 年辛亥革命爆发，资产阶级一举推翻清王朝，建立了近代资产阶级国家治理体制。但实践证明，他们并未顺应社会变化与历史要求找到一条与中国实际相结合的治国方略，这个任务历史地落在了中国共产党和中国人民身上。

决定国家治理体系的根本制度，是由生产力发展状况、社会经济发展形态决定的，也与该国历史文化传承密不可分；而治理能力的高低与治理体系的完善与否紧密相连。在我国先秦奴隶制时代，主要采用宗法血缘等级分封制的礼制思想来实施国家治理；在我国秦汉至明清的封建制时代，主要采用中央集权郡县制的德法相依思想来实施国家治理。下面就我国封建社会国家治理的几个问题谈一点我自己的看法。

一、“大一统”与“要在中央”的一元行政思想与措施

“大一统”思想。“大一统”思想在我国先秦就已酝酿产生。《诗经》中“溥天之下，莫非王土，率土之滨，莫非王臣”[①]的诗句，模糊地表达了诗人一种“统一”的意识。当时文明核心区域狭小，邦国林立，但思想家们就已用“五服”“四方”“四海”“九州”等尚无实际内容的空间、距离、亲疏等级等概念，构筑出自己的“天下观”，表达出一种包容有序的政治统一理想。以族系认同为标志的血缘文化认同，在先秦时期也已经形成。黄帝不仅成为诸夏始祖，也被周边许多民族认同。因此，可以说，从政治框架构建到血缘文化认同，先秦时期已经为“大一统”奠定了思想基础。当战国时期孟子回答梁襄王，“天下恶乎定”的疑问时，孟子说“定于一”。[②]这个“一”已不是指要不要统一，而是指要统一在什么样的政治之下的问题了。荀子也说过：“天下为

一，诸侯为臣。”[③]在儒家观念中，“大”意味着重视、尊重；“一统”并不仅仅意味着领土统一，更重要的是国家秩序与社会秩序的构建，蕴含着政治清明、社会稳定、经济文化繁荣。没有这三点，就不是完整理想的“大一统”。秦统一后，“大一统”的国家治理始终是历代封建王朝面临的重大问题。

郡县体系。秦统一后，“海内为郡县，法令由一统”[④]，“事在四方，要在中央”[⑤]，先秦的分封制治理演变为中央直接统辖地方的中央集权制治理。中央集权是指中央与地方的关系，是一种治理制度体系。这种治理制度体系由中央将全国划分为若干层级不同的行政区划进行管理，如道、路、州、府、省、郡、县，历代尤以县这个层级最为稳定。县之下，又设乡里（村），用户籍将民众纳入国家控制之下。各行政区划的主要官吏由中央直接任命，一般到县一级。地方严格服从中央，按照中央统一的政令执行各项政策，无独立的政治、经济、财政、军事、司法自主权。我国历史上较早形成中央集权的郡县治理制度，是封建地主制经济发展的政治需要。统一的中央集权，符合我国疆域辽阔，人口众多分散，民族结构复杂的国家实际。中国历史上的中央集权为维护国家统一、主流意识形态构建、开展大规模公共工程建设、促进各地经济文化交流、民族交往交流交融、自然生态环境的保护提供了有利条件，不仅发挥出政治功能，也发挥出经济、社会与文化职能。其积极意义是主要的，当然也有消极作用。

历代中央集权并非一味地追求整齐划一，也有高度的灵活性，如适度地保持自治，根据不同地区的具体情况采取县道制、都护制、羁縻制、土司制等“因俗而制”的措施，都有成功的一面。郡县治，天下安。历代政治家、思想家，对郡县治理体系表现出高度的认同。如唐代柳宗元评论秦的速亡时说，秦“失在于政，不在于制”，并认为“今国家尽制郡邑，连置守宰，其不可变也固矣”[⑥]，意指并不是因郡县制导致了秦的灭亡，郡县制是不可动摇的。朱熹说：“必合于一，然后定也。”[⑦]明末清初的思想家顾炎武也说：“封建之废，非一日之故也，虽圣人起，亦将变而为郡县”[⑧]，明确指出郡县制的形成，不是随人的主观意志为转移的，这都是卓识。

郡县制即中央集权的基本制度。历代用“内外”“本末”“干枝”等词语来形容中央与地方的关系，说明其重要性。处理好中央与地方的关系也是中央集权国家治理的首要任务，历代主要表现在三个方面：一是高度重视地方行政层级划分、权力分配和对地方官吏的监督与管控。使行政区划有效适度，权力分配轻重相宜，官吏管控有法可依；我国历史上在汉唐前期这个问题处理得比较好，在后期则严重失调。二是处理好郡县与分封的关系。分封在历代郡县体制下仍有一定程度的保留，但主要是一种经济和身份待遇，受封者并无直接治理民众的权力。无原则地割裂中央集权，一定会导致中央与地方关系严重失衡，进而导致国家陷入全面混乱。西汉初年的“七国之乱”和西晋的“八王之乱”都是证明。三是维护中央权威，保持政令畅通。中央集权下的国家治理，中央权威、政令畅通是必备条件。但实际情况往往又不是这样。我国历史上政令不通，地方抗衡中央的原因很复杂，但根本原因在于中央管控能力的丧失。地方势力膨胀的最危险因素则是军权的扩张，汉末刺史权力扩张并形成一级行政机构，进而掌握军事大权，是三国分裂出现的重要原因，唐后期至五代长达两个世纪的中央权威不振，与藩镇节度使的军事割据有因果关系。

国家统一是大一统中央集权国家治理体系的前提。国家统一是历代统治者不懈追求的目标，秦灭六国、晋灭吴、前秦伐东晋、东晋北伐、隋灭陈、元灭南宋、清平定三藩及收复台湾等等都是证明。统一与分裂，是我国历史上国家治理不可回避的问题。一种看法认为，分裂也有利于社会经济的发展，这是不正确的。我国历史上有相当长的分裂时期，这期间确有个别地区的经济、社会、文化因分裂政权的某些政策、人口流动、自然环境等原因而有一定的发展，但这并不是主流，分裂带给国家与社会更多的是灾难。我国历史上导致分裂的主要原因来自政治和民族因素，经济、文化、宗教原因不占主导地位。因此，分裂缺乏基础，无论怎样的分裂，或者分裂的主体来自哪个民族，但最终还是走向统一，这是我国历史发展进程中的一个鲜明特点。

选贤任能。“官人，国之急也”[9]，“天下治，必贤人”[10]。国家治理离不开人才，用人不公，任人唯亲，用人体制涣散是许多王朝腐败的典型表现，甚至灭亡的直接原因。春秋战国之际，随着世官制的衰落，关于选贤任能的思想蓬勃兴起，在自秦至清的封建时代继续繁荣发展。思想家们在为什么要选贤任能，怎样选贤任能，以及在如何既遵循制度建设，又能不拘一格、知人善任、用人所长上，都有过缜密的思考，构成国家治理思想的重要内容。

我国历史上的选贤任能概括起来有四点经验值得我们注意：一是完善制度。从荐举功劳制、官爵合一制、察举制、九品中正制到科举制，选官逐渐从散漫走向系统，从主观走向客观、走向科考；三国以后中央吏部形成，选人与用人分离，组织化程度提高，体制机制更加完善。二是德先才后。“才者，德之资也；德者，才之帅也”[11]。封建统治阶级清楚认识到“心术不善，纵有才学何用”[12]的基本道理，逐步摸索出德先才后的用人经验。三是人尽其才。没有永久的人才，也很少有全才。以一代之人理一代之事，以非常之人理非常之事，根据不同需要选用不同之人就是成功。秦孝公用商鞅，独重其富国强兵的霸道之术，终使秦“无敌于天下”[13]；刘邦能用张良，而项羽不能用范增，是楚亡汉兴的重要因素；曹操唯才是举，不拘一格，是曹魏强大的重要原因；唐太宗在与封德彝的著名对话中提出“君子用人如器，各取所长，古之致治者，岂借才于异代乎”[14]的观点，是非常明智的用人方略。招募与自荐相结合，定向选拔人才也有成功一面。毛遂是自荐，张骞是招募来的。有突出才能的人终究是少数，绝大多数是奉公守法的“循吏”，通过“以日月为功”[15]而升迁，也是维护官僚队伍稳定的一种方法；将政务官与事务官从岗位性质上区分开来是发挥不同人才作用的一种方法。四是保持社会流动。传统社会政治权力控制着主要社会资源，社会精英乃至社会大众向官僚阶层流动渠道畅通，是被当时社会认可的“公平”观念之一。

我国历史上形式多样的选贤任能方式，自战国秦汉以后推动了阶级、阶层的流动，囊括了许多优秀人才服务于国家。“选贤”中考试方法的逐步形成与完善是成功经验，特别是科举制，被视为“天下之公”[16]，“朝为田舍郎，暮登天子堂”[17]者不乏其人，既形成了官本位的落后政治文化，但也是维护“大一统”社会稳定的一条重要途径。需要看到的是，科举推动了社会学习的风气，对维护社会稳定、形成社会公平观有极大意义。“任能”中的循名责实、严格考核与问责制，是管理人才、提高国家治理能力的重要手段。但用人不公、任人唯亲、任人唯近、任人唯钱、任人唯色、用人体制涣散以致国家用人权力的丧失等也是王朝不治而乱的历史教训。以经学诗赋为主体的考试内容，以“八股”为形式的考试方法，使人才知识结构单一，形式僵化，不能适应近代以来国家治理的新需求而显得暮气沉沉。清代中期的思想家、文学家龚自珍作“我劝天公重抖擞，不拘一格降人材”[18]的诗句，正是对那个状元辈出但又人才缺乏时代的绝望和呼唤。

社会治理。自秦汉以后，由于中央集权的形成，各级政府成为社会治理的主体，但人口村落的分散及宗族血缘纽带关系的普遍存在，社会治理又呈现出政府与社会相结合的特征。我国历史上的社会治理思想与措施众多，这里谈四点：

一是社会救助。《周礼》一书中，思想家将“慈幼”“养老”“振穷”“恤贫”“宽疾”“安富”列为大司徒的职责。[19]我国是一个多灾的国家，据学者不完全统计，从秦汉到明清，各种灾害与饥荒有5079次[20]。自秦汉以后，存问鳏寡孤独废疾贫苦者、防灾救灾，是历代政府的重要职责。特别是对高年者尤为重视，不仅给予生活待遇，还给予一定的社会政治待遇。“王杖”制度、义仓制度、福利制度、减免税收制度、赈贷制度，都是经常采用的措施。这些措施我们虽不能过高估计，但积极作用也不能抹杀。“振赡匮乏，务先九族，自亲者始”[21]，宗族间的相互救助，是国家救助的一种补充，“族产”“义庄”是他们救助的经济来源。兴修水利、储粮备荒、赈济、社会助赈、抚恤、蠲免等，是政府防灾救灾的基本形式。

二是疏通社会言论渠道。“防民之口，甚于防川”[22]，秦王朝“诽谤者族，偶语者弃市”[23]的舆论控制，是其速亡的原因之一。顾炎武说：“天下有道，则庶人不议。然则政教风俗苟非尽善，即许庶人之议矣。”[24]又说：“天下风俗最坏之地，清议尚存，犹足以维持一二。至于清议亡而干戈至矣。”[25]我国历史上有为的统治者积极疏通而非阻断政府与社会之间的言论渠道，如派出风俗使者、巡视官员，甚至微服私访或主动邀请民间人士顾问对话等。汉代著名的“盐铁会议”，就邀请文学、贤良参加，虽不一定代表整个社会，但来自社会，就盐铁等是否官营问题与官方公开辩论。地方民众，不论其身份如何，亦有向各级政府上诉、上告、举报的权利。汉代有“自言”“诣阙”上书制度，缇萦救父，便是一个事例。晋代设登闻鼓、诽谤木、华表木，以知民意。唐代有“登闻鼓”“匦院”，“诸色人等”皆可上达冤情，“极言得失”。[26]宋代这一制度机构化，设置登闻鼓院和理检院，“诸色人等”“并许上言”[27]。明代朱元璋规定，即使“百工伎艺之人”，如有可言之事，人人都有至御前奏闻的权利，以起到“广耳目，不偏听”“防壅蔽而通下情”[28]之目的。当然，关于相关程序历代也有制度规定，如逐级上诉，严控越诉等。

三是礼乐教化。我国自西周开始，确立了政治系统中的礼乐传统，并被历代统治者视为文化传承与治国理政的重要手段。除《周礼》的整体性设计外，历代正史中的《礼乐志》及专门性的礼书编纂很多，体现国家对礼乐的高度重视。冉有曾经问孔子：民众“既富矣，又何加焉？”孔子回答：“教之”。[29]《论语》中还有“道之以政，齐之以刑，民免而无耻；道之以德，齐之以礼，有耻且格”[30]的论述。自汉代开始，思想家、政治家从秦亡的教训中认识到，礼乐教化与法同等重要，从而将经过改造后的儒家思想树立为正统意识形态，将三纲五常作为普遍的社会价值观，并与蒙学教育、学校教育、家庭教育、选举考试、乡规民约、政府表彰等形式相结合，移风易俗，深入社会，深入基层，树立统治阶级倡导的价值观、义利观，建立封建社会秩序。如朱元璋颁布《圣谕六言》，以“孝顺父母，尊敬长上，和睦乡里，教训子孙，各安生理，毋作非为”[31]等为中心，拉开了明清两代礼乐教化的序幕。历史上的许多“循吏”，大都善于推行礼乐教化。“六经之道同归，而《礼》《乐》之用为急”，[32]“治天下”必须重视礼乐教化，汉儒总结出来的历史经验，对于我国封建社会的长久延续、长治久安有着不可忽视的作用。礼乐文明是我国传统文化的核心体现之一。历史表明，无论哪个政权的延续或更替，也无论汉族抑或少数民族入主中原，只要重视礼乐教化，其政权就会兴、社会就会相对稳定；而蔑视或践踏礼乐，则适得其反。但“礼，时为大”[33]，时势不同，具体的礼乐制度和教化措施也需做相应的调整。

四是乡村治理。“天下之治，始于里胥，终于天子，其灼然者矣”[34]“治天下，必自治一国始；治一国，必自治一乡始。”[35]我国历史上中央直接任命的官吏止于县一级，但至秦汉后，乡里已纳入国家治理体制，独立于国家控制之外的基层社会聚落比较罕见。乡里行政组织大体以唐宋为界，分为“乡官制”和“职役制”两个阶段，其地位前期高于后期。乡里基层组织兼有民间社区特征，如依靠乡里代表性人物、宗族乡绅力量，乡规乡约、里甲保甲制度协同国家治理；国家通过树立乡村道德人物、劳动典范形象，建立以廉耻为中心的礼制秩序，听取并选拔乡村舆论所称颂的人物担任官职等多种手段，以贯彻国家意志。一些参与乡村治理的人物，非国家正式吏员编制，体现出一定的“自治”性，对国家力所不及的事务进行补充，如生产安排、社会治安、社会救助、移风易俗等，在许多时期发挥出较好的功能。但乡村治理并不能称为自治，无论在哪个时期，国家对乡村都有绝对的支配权，这突出反映出司法权被国家控制。中央权力削弱或混乱时，基层社会也会出现“家法大于国法”，士绅抗衡中央的局面。东汉末年“清议”左右选举，汉末大族横行，封建社会晚期士绅及宗族势力控制基层社会甚至组建军队就是历史教训。

二、“民惟邦本”思想与政策措施

“民本”思想的内涵。“水则载舟，水则覆舟”[36]。民本思想是我国历史上的思想家、政治家从历史经验中总结出的一种治国理念，民本思想萌芽于西周时期，春秋战国时期继续发展，特别是被儒家学说的创造者孔孟所吸收，得到进一步的发展，并为秦汉以后的封建统治阶级所继承光大，也被近代中国资产阶级所借鉴。民本思想强调，国家治理要重视民意，君与民、政与民的关系而非神与民、天与民的关系，是决定国家兴衰的关键。《尚书》中说：“民可近，不可下。民惟邦本，本固邦宁”[37]，意指为政要亲近人民，不能轻视与低看；人民是国家的根基，根基牢固了，国家才能安定。我国春秋时期的政治家、思想家管子说：“政之所兴，在顺民心；政之所废，在逆民心”[38]，欲使国家强盛，必须“以人为本。本理则国固，本乱则国危”[39]。孔孟的“仁政”思想，寓含着丰富的“民本”内容。关于“民本”的论述在我国数千年的历史上可谓史不绝书，是我国封建统治者宣扬的官方意识形态之一，也是其维护统治合法性、延续性的要求。历史的局限性决定了传统体制不可能真正做到“民本”，但民本思想所宣扬的保民、重民、爱民等内容，也在一定程度上被历代明智的政治家转化为具体措施。

“民惟邦本”的主要政策措施。我国历史上凡是在民本问题上处理得比较好的时期，社会发展就比较平稳；凡是在这个问题上处理不好以至尖锐对立的时期，社会就会动荡，甚至导致政权的灭亡，秦、隋都是历史教训。取代秦的西汉王朝，逐步懂得了“顺民情，与之休息”[40]的道理，开始重视民本思想的政策性转化，轻徭薄赋，奖励农桑，戒奢以俭，妥善处理内外关系，经过60余年的发展，创造出了为后世所称道的“文景之治”。综观以“文景之治”为代表的我国历史上的“昭宣之治”“光武之治”“贞观之治”“洪武之治”“康乾之治”等所谓“盛世”，都是“民本”思想贯彻比较好的时期。我国历史上的民本措施主要内容有如下方面：

一是调整土地关系。战国初的滕国国君曾请教孟子如何治理国家，孟子回答：“民事不可缓也。”他又说：“民之为道也，有恒产者有恒心，无恒产者无恒心。”[41]孟子强调治国“民”的事情不可以延缓，而治民的道理是使其有“恒产”。“恒产”，主要指土地。我国是一个农业大国，农民的土地是否稳定，不仅关系到国家财政的收入，更关系到国家的安定。我国封建社会的前期，国家民生治理的重点是土地，西汉初年、东汉初年、西晋初年、北魏至唐初的统治阶级，采用名田、度田、占田、均田、限田等方式来保障个体小农拥有一小块合法的土地，竭力抑制土地兼并。宋以后的我国封建社会后半期，地主制经济日益成熟，国家不再限制兼并，可控土地大幅减少，大规模调整土地分配已无可能，但统治阶级仍然利用各种方式垦荒拓地，使民有所归，不致流亡。如明初的朱元璋，奖励垦荒，并把农桑成绩作为考核官吏的重要标准。清初康熙实行“更名田”[42]，目的也是鼓励自耕农的生存。农民失去土地是我国历史上社会动荡的重要原因之一。

二是平均财富分配。“富者田连阡陌，贫者亡立锥之地”[43]的土地不均，“朱门酒肉臭，路有冻死骨”[44]的贫富失衡，引发了历史上许多严重社会矛盾。统治阶级认识到“万民之不治，贫富之不齐也”[45]，但如何做到“齐”和“均”，看法并不一致。有人认为“有国有家者，不患寡，而患不均”，故要“均无贫，和无寡”[46]，“治国之举，贵令贫者富，富者贫”[47]；也有人认为要“使富者安其富，贫者不至于贫”[48]。我国封建社会前期的度田、占田、均田等政策，都含有平衡贫富关系的思想。唐中叶后，税收政策向重财产演变，是国家均衡财富的一项重要措施。

三是劝民农桑。中国是东亚农业起源的中心。一家一户、耕织结合的自给性小农经济，是我国历史上农民的主要生产方式。前近代以前，我国农业在土地利用方式、改善农业生产环境和多种经营、提高农业生产技术和能力等精耕细作上，走在世界前列。据学者推算，明末清初浙江嘉兴、湖州水稻亩产量，比 20 世纪末美国加利福尼亚州的水稻产量还高。[49]历代统治阶级不仅通过兴修水利、推广农业科技、不误农时等方式发展农业生产，也通过基层官吏的积极引导“劝民务农桑”[50]。

四是整顿吏治。吏治不肃，“民本”无由落实。历史上许多时期的民不聊生，既是由于最高统治阶层的骄奢淫逸、贪婪无度，也是由于下层吏治败坏，社会突出矛盾得不到及时治理造成的。汉武帝“穷妙极丽”[51]的奢侈享受与好大喜功的举措，形成了下级官吏的苛暴之风，造成尖锐的社会矛盾对立。董仲舒曾直接对汉武帝说：“今吏既亡教训于下，或不承用主上之法”，致使“贫穷孤弱，冤苦失职”[52]。但董仲舒不知道当时的吏治败坏，根源还是在上层统治者。其继任者昭帝、宣帝调整政策，厉行吏治整顿，“信赏必罚，综核名实”[53]。昭宣时期，是我国历史上所谓循吏出现最多的时期之一。汉宣帝鼓励官吏久任，注重教化，力求清平用刑，改善低级官吏待遇。以吏治为核心的“民本”措施，较大改变了武帝所遗留下来的社会矛盾，创造出了一个“昭宣中兴”的时代佳话。

五是重农抑商与调节贫富。重农抑商是战国至清的基本国策，调节贫富是历代统治者试图缓和阶级矛盾、社会矛盾的做法，背后都有民本的影子。封建社会后期，国家掌握的土地减少，但也通过调整税收政策以调节贫富差距，避免农民负担过重，也用各种方式垦荒拓地，使民有所归，不致流亡。值得注意的是，由贫富失衡引发的社会矛盾，是改朝换代的重要诱因。而农民失去土地是我国历史上社会动荡、国亡不治的重要因素。我国历史上贫富分化的主要表现是土地占有的不均。当贫富分化的状况恶化时，揭竿而起的农民起义口号就是以“均田”为中心的“均贫富”[54]。没有正确处理好农业与工商业的关系，是我国古代国家治理举措中一条重要的历史教训。我国自战国时期开始就出现了工商业经济比较繁荣的情况，城镇与市场，对外贸易，技术与资本都曾经发展到一定高度，甚至在明清局部地区的行业中，出现过资本主义生产关系的萌芽。历代也有鼓励工商、“工商皆本”[55]的呼声，一些改革家曾经借助工商来理财，取得一些成绩，但总体看，自商鞅变法后，抑制工商政策是主流，这对传统经济结构的突破性发展起到阻碍作用。

“治”是古代一条河流的名称，可能是对河流的修葺、疏通，演化出治理、管理之意；“理”的本义是指玉石内部的纹路，玉工应沿着玉石纹路切割玉石，后指要顺着事物的客观规律做事。“民本”是我国古代治理的一个重要思想，“民本”措施实行的好坏，是衡量我国历史上统治者是否顺应规律治国理政的重要标志之一。

三、由礼治思想向德法相依思想的转变

礼治的内涵及其演变。礼是远古祭神求福的仪式。西

周时成为治国思想。相传周公制礼作乐，礼被作为规范贵族等级秩序和奴隶制国家秩序的手段，其基本精神是“亲亲”“尊尊”。即按照宗法关系序尊卑、别贵贱，“礼不下庶人，刑不上大夫”[56]，礼是维护奴隶主阶级的统治利益的工具。礼的治理思想与实践，是由西周宗法血缘等级分封制政体和实际控制能力有限的国家结构形式决定的。

春秋战国时期，争霸与强国成为时代主题，礼已不适应新形势变化下的国家治理体系的需要。各国先后公布成文法，以法治取代礼治。以秦国为代表的新兴地主阶级，采法家“霸道”之策，剪灭六国，取得巨大成功。但统一后的秦王朝完全沿用法家治国思想，并走向极端，其统治迅速灭亡。这一历史剧变，引起了汉初统治集团的集体反思。从新的出土文献来看，汉初虽然直接继承了秦的许多法律制度，但为政的指导思想已经有重大调整。经贾谊、陆贾，特别是董仲舒等人的推动，“礼法并用”“德主刑辅”的德法相依治理思想浮上水面，德化与刑罚并重的思想登上历史舞台。

我国封建统治阶级抛弃了奴隶制时代礼制的政体形式，吸收了其中“礼”“德”思想等部分内容，与中央集权、法治体系相结合，形成了适应新形势要求的法治观、民本观、尚贤观、义利观、公私观和以仁义礼智信为主体的社会基本价值观，共同构成服务于封建大一统国家治理的重要思想。

法治原则。“法治”一词及思想在我国起源甚早，也是秦汉“大一统”国家治理的核心工具。这一思想强调法的公共性，主张“法者天子所与天下公共也”[57]；强调法的规范性，提出“圣君任法而不任智，任数而不任说，任公而不任私，任大道而不任小物”[58]；强调法在治国安民中的重要性，认为“能去私曲就公法者，民安而国治”[59]；“国无常强，无常弱。奉法者强则国强，奉法者弱则国弱”[60]。历代统治阶级虽强调“礼”和“德”，但从没放弃过法的作用。自秦汉以后的历代王朝，都制订了颇为严密细致的律令，前后相续，涉及国家治理的众多方面，发挥了国家治理的核心作用。我国历史上的法治思想与实践中有两点值得注意：

一是法律的儒家化。即“援礼入法”，将儒家的伦常理念，转化为立法、司法实践，构成“德主刑辅”、礼法合治的特色。这其中，大部分是出于维护封建等级秩序目的，但也体现出调整社会关系的作用，根本目的是使“法”更好地适应当时社会。

二是慎刑原则。自汉开始，形成了疑难案件的逐渐“谳报”制度；“死者不可复生”[61]、“人命至重”[62]，三国以后对一般意义上的死刑审判，需要“文书俱上”[63]。北魏规定“当死者，部案奏闻……诸州国之大辟，皆先谳报乃施行”[64]。唐代对死刑“三覆奏”，唐太宗因错杀张蕴古，又令改为“五覆奏”[65]。宋代规定“天下死罪皆得覆奏”[66]，为防止复审不公，又专门设置“审刑院”审核。元代死罪必上报方可执行，如果“值上怒，勿辄奏”；即使“上欲有所诛”，也“必迟回一二日，乃覆奏”[67]。明代对死刑采取由皇帝下令的“会官审录”制[68]。清代以“秋审”和“朝审”两种方式审核死刑。总之，从三国开始，死刑一般都要经过中央严格审核并报皇帝批准，甚至由皇帝直接审理，显示出审慎性、程序性和复核权限的集权性。

权力制衡。由于我国历史上较早形成了专制主义中央集权的官僚制行政管理体制，为保持权力的有效运行，防止权力腐败、渎职、滥用、膨胀，如何制衡权力就成为思想家、政治家必须思考和面对的问题。无论基于“性恶论”的法家，还是基于“性善论”的儒家或信奉“无为”的道家，都提出或暗含有权力制衡的思想。这种权力制衡思想和实践，与近代西方的分权制尚有重大区别，但体现出中国特色，主要反映在如下三个方面：

一是君权的制衡。秦汉“大一统”国家形成后，从思想到制度设计，都有关于制衡君权的内容。中央机构设置中，有制约君权的中枢、谏议、封驳等机构；中央决策中，有廷议、廷推、廷鞫制度。各项重要事务、案件的处理，呈现出一定的“民主”“集议”特色，构成制衡君权的某种制度程序。

二是中央与地方的权力制衡。秦汉以后，我国基本是单一制国家，地方权力集中于中央，主要官吏由中央任命，既职责明确，考核严格，又实行行政、军事与监察三者权力分离，以制衡地方官吏权力的扩张；又以不断增加行政层级的形式，遏制地方权重倾向。

三是官僚权力的制衡。“明主治吏不治民”[69]，“明分职序事业，材技官能，莫不治理”[70]，是思想家强调吏治在国家治理上的作用。自秦汉开始，从中央到地方，对各级官吏的权力划分，行政问责、复核、审计，监督监察上，规范日益细密。需要特别指出的是，以权钱交易、贪污贿赂、用人不公、贪婪奢靡、正气不张为特征的腐败现象在我国历史上长期存在，以监督监察为核心反腐倡廉，成为官僚权力制衡的重要内容。

我国历史上以权力制衡推动国家治理的思想与措施有利有弊。君权的制衡从总体上看是积极的，但皇权的至高无上，又使这种制衡时常显得苍白无力，彰显出突出的“人治”色彩；中央对地方的权力制衡总体也是成功的，但单纯一味地从“术”的角度强调制衡，特别是监察、军事体制不断向行政层级的转化，又形成了行政机构叠床架屋的弊端；对官吏的权力划分、钱财物权及日常行为的管理细密、问责与考核严格，是其成功的一面，但高度集权使各级官吏唯命是从、唯上是从、文牍主义的作风，又显示出消极的一面。

总之，我国历史上，政治认同与文化认同并重，道统与治统相结合，在国家治理上的作用不容忽视。20 世纪的头

50年中，在封建势力、资产阶级、马克思主义的各种力量交织中，中国人民最终选择了社会主义，其文化背景应当引起我们重视。历史虚无主义及其他一些错误思潮，正是从这个角度来否定我们社会主义道路的合法性。因此，将我国的社会主义事业植根于本民族土壤、植根于中华五千年优秀传统文化的基础之上，将中国特色社会主义理论体系认同与中华优秀传统文化认同并重，着眼于现实，不割断历史，不忘记国情，对推进国家治理体系与治理能力现代化应有较大的积极意义。在中华民族绵延数千年的辉煌历史进程中，历朝历代创造的丰富的国家治理经验，对巩固政权、保持社会安定和促进国家繁荣发展曾发挥过重要作用，一些思想和做法至今仍有借鉴意义：

一是坚持中央集权一元化的治理主体地位。我国自秦汉以后基本是一个统一的中央集权国家，维护国家统一，维护中央权威，保持政令畅通，是治理我们这样一个统一多民族国家的首要条件。历史经验证明，任何形式的分裂和治理主体的多元，都不利于国家的稳定和发展。但中央集权的一元化治理主体并不意味着治理方式的单一，根据不同区域、不同民族采取不同治理方式，合理划分中央与地方的治理权限，重视基层社会参与治理，都是我们的历史传统，应在新形势下创新运用。

二是吸取依法治国和德法相依的思想与经验。自秦汉后我国历史上一家一姓的王朝变更虽然比较频繁，但基本制度特别是政治、经济、文化法律制度，延续两千多年并没有根本变化，这说明封建时代的政治家、思想家早期的制度设计比较完备。一些存在时间数百年的王朝，自一开始就比较注意法制建设，其中的一些立法思想、立法原则和执法精神，仍值得我们借鉴。但“徒善不足以为政，徒法不能以自行”[71]，德法相依的历史经验仍然值得我们重视。

三是选贤用能与严格吏治。我国历史上形成了具有自身特色的选贤任能思想方法。制度用人、考试考核用人、公平用人、广泛用人、德才兼备用人、求贤若渴、知人善任、用人所长的思想与办法，选拔了大量人才；“宰相必起于州部，猛将必发于卒伍”[72]，是有益的管理与用人经验。精减冗吏、严格考核，强化监督制约，建立能上能下、能进能出的用人机制，建立功过分明、赏罚分明的人才评价机制，古今仍有可参照之处。“明主治吏不治民”，反腐倡廉、严格吏治是历史上稳定政权、赢得民心、提高治理能力的重要措施，其基本思想与若干经验仍然值得吸取。

四是吸取传统文化精华，建立富有民族特色的核心价值观。我国历史上的统治阶级高度重视主流意识形态的树立，并发挥其在国家治理中的作用。自西汉中期后，统治者继承了先秦儒家思想的“道统”，历经唐宋元明清不衰，并体现出吸纳、融汇其他思想文化的强大能力。统治阶级将这种“道统”与治统结合，通过礼乐教化、政治制度设计，贯彻在治理实践中，有效维护了统治制度的合法性，政治秩序与社会秩序、思想文化秩序的统一性。我们应当努力构建富有民族特色的核心价值观。传统文化强调“中和”的思想、民本思想、公的思想、勤的思想、廉的思想、能的思想，忧患意识与爱国思想，以及仁义礼智信等基本社会价值观，长期深入民心，应当积极推进与当前社会主义核心价值观的对接，使社会主义核心价值观的弘扬和践行与中华民族优秀文化传统结合起来，与人民大众的日常行为结合起来。

五是重视以人为本的社会建设。社会建设是社会和谐的保障，是国家治理的根本体现。改革开放 40 多年来最为快速的变化之一是社会变化，由此而带来的各种社会矛盾也尤为集中突出。“事先大功，政自小始”[73]，在社会建设中应当继承“以人为本”的传统精华，高度重视以衣食住行、生老病死、喜怒哀乐为核心的民生建设；同时也要重视辨析数千年来凝聚在人民大众心中的道德观、公平观、义利观、荣辱观、信仰观等各种社会价值观的利弊，借鉴历史上基层社会民众参与治理的传统，建立既符合国情，又富有现代化的跨越式社会建设。

我国历史上的腐败与反腐败

卜宪群

历史学家，中国社会科学院古代史研究所所长，中国秦汉史研究会会长，国家社科基金评审委员会委员。

腐败是以公共权力谋取私利的行为，也包括滥用权力、不正确履行权力，不作为、乱作为。我国历史上的腐败导致政治混乱、制度瓦解、人心涣散、纲纪不肃、贪婪奢靡，精神颓废，是许多王朝最终走向衰亡的重要原因。

不是有了腐败就一定亡国，而不能遏止腐败，不能从制度体制上寻找到反腐败之道才会走向灭亡。一部中国历史给我们的重要启示是，要高度重视腐败，坚持不懈地反对腐败，不断加强反腐倡廉的制度建设、思想建设的力度。

腐败与反腐败是一个古老而长存、凝重而富有时代意义的话题。自从国家产生后，腐败就与人类政治文明相伴随，是历史上许多王朝人亡政息的重要原因。数千年来，尽管各国有不同的历史文化传承和政治制度，但时至今日，腐败仍然是人类文明所共同面临的问题。反腐败也仍然是自古迄今上层建筑建设的重要组成部分。本文梳理了我国历史上腐败与反腐败的基本情况和我本人的若干思考。

一、我国历史上腐败的主要表现及其危害

腐败是以公共权力谋取私利的行为，也包括滥用权力、不正确履行权力，不作为、乱作为。我国历史上的腐败导致政治混乱、制度瓦解、人心涣散、纲纪不肃、贪婪奢靡，精神颓废，是许多王朝最终走向衰亡的重要原因。主要表现形式有如下数种：

一是权钱交易。在私有制下，经济发展所导致的金钱崇拜和价值观扭曲，始终是历史上统治集团的腐蚀剂。金钱崇拜的价值观在我国古代起源很早。《列子》讲到“齐人攫金”的故事：“昔齐人有欲金者，清旦衣冠而之市。适鬻金者之所，因攫其金而去。吏捕得之，问曰：‘人皆在焉，子

攫人之金何？’对曰：‘取金之时，不见人，徒见金。’”[1]金钱崇拜肯定远早于战国，但“齐人攫金”中“不见人，徒见金”的贪婪心态，典型反映了金钱的巨大魅力。金钱可以换来权力、地位乃至生命，权力又可以换来金钱地位，这是金钱崇拜的根源。历史上钱权交易、权钱交易随处可见。如大商人吕不韦，他把在赵国为人质的秦公子子楚视为“奇货可居”[2]，通过金钱贿赂将本来不可能继承王位的子楚扶上了王位，也为自己换来了相位。杀人偿命，但春秋社会上却流传着“千金之子，不死于市”[3]的谚语，就是金钱可以买通法律的反映。

卖官鬻爵历代十分普遍。秦统一后就用“入粟拜爵”的方式换取钱财。[4]汉武帝时期也将“纳赀入官”作为敛财的有效手段，史称当时“吏道益杂，不选，而多贾人矣”[5]。商人有钱，有钱就能买官。东汉后期更是将公职标价出卖，“公千万，卿五百万”[6]，并规定“其富者则先入钱，贫者到官而后倍输”[7]。“铜臭”一词产生在东汉，是东汉后期政治黑暗的典型表现。不少权臣以权钱交易获得巨额钱财，汉代梁冀专权时，“吏人赍货求官请罪者，道路相望”[8]。南宋秦桧，“贪墨无厌”“开门受贿”，任官者必先要送他珍宝“数万贯”才能到官。[9]纳财进官，以财用人，名称不同，多朝都有，属典型的权钱交易，弊端丛生。明崇祯皇帝曾下罪己诏说：“张官设吏，原为治国安民。今出仕专为身谋，居官有同贸易。”[10]明代吏部尚书王恕说：“既以财进身，岂能以廉律己。欲他日不贪财害民，何由而得乎？”[11]

二是用人不公。用人不公是最大的腐败，还会成为社会矛盾的焦点。我国历史上用人不公表现为重亲友、重门生、重朋党、重同乡，任人唯亲、任人唯近、任人唯贵、任人唯钱、任人唯色，一人得道，鸡犬升天。总之，用人出于个人爱憎、私利而非公心。汉代吏治废弛时，“选举不实”，“权门请托”比比皆是；“郡国举孝廉，率取年少能报恩者，耆宿大贤多见废弃”。[12]如汝南袁绍“树恩四世，门生故吏遍于天下”[13]。这些人与举主结成朋党，号称“君臣”，对抗中央。东汉崔寔在《政论》中说：“今典州郡者，自违诏书，纵意出入。每诏书所欲禁绝，虽重恳恻，骂詈极笔，由复废舍，终无悛意。故里语曰：‘州郡记，如霹历，得诏书，但挂壁。’”[14]他们敢于对抗中央，正是掌握了地方的选举权；地方小吏不重视中央，也是因为地方长官能够左右他们的命运，他们与地方长官有着所谓“门生故吏”的关系。东汉王朝的衰亡与国家在地方用人权上的丧失有重大关系。有人说东汉亡于议论，而议论的正是用人问题。

用人不公也表现在制度上。我国历史上魏晋南北朝的九品中正制属于典型，中正荐人根本不考虑德才，只看家世门第。造成“世胄蹑高位，英俊沉下僚”[15]、“公门有公，卿门有卿”[16]的典型的制度层面用人不公。中正府被称为“奸府”。当然，不学无术、崇尚空谈、跑官要官买官、荫官世袭、巧言令色、欺上瞒下等用人上的恶习，是封建王朝的普遍现象。严重时，可导致国家与社会，甚至统治阶级之间矛盾的激化，危及政权的稳固。

三是贪婪奢靡。贪婪，表现为权力的占有欲，对钱财物的渴望，本质上是私欲；奢靡，是追求物质享受，做官的目的是为了满足耳目声色口腹之欲。贪婪无度、奢靡腐化、无所作为是我国历史上许多王朝腐败的突出特征，虽很难说是王朝灭亡的直接原因，但一定是其灭亡的前兆。西晋重臣何曾性格奢豪，“食日万钱，犹曰无下箸处”[17]。豪族石崇与王恺斗富，穷奢极侈，西晋王朝就在这样的奢侈中灭亡的。身居高位的南朝门阀士族，占山护泽，纵情享乐；“熏衣剃面，傅粉施朱”[18]，却连马都骑不上去，基本的公务都不会处理。面对危难，只能坐以待毙。隋炀帝在洛阳接待外来使节，火树银花，用丝绸缠树，饭店吃饭不许收钱，以至使节都说，中国尚有穷人衣不遮体，为什么要把丝绸缠到树上呢？官吏们哑口无言。清王朝取得中原后，原本声名赫赫的八旗兵子弟养尊处优、骄横偷安、聚赌挥霍、嫖妓放浪，这样的军队如何面对西方列强的步步紧逼呢！

四是正气不张。权钱交易、用人不公、贪婪奢靡的结果就是整个社会道德沦丧，正气不张。“钱无耳，可使鬼”的谚语出自西晋鲁褒的《钱神论》，此文虽多愤世嫉俗之语，却是当时纲纪大坏、大厦将倾的写照。《论》中说："凡今之人，惟钱而已。故曰军无财，士不来；军无赏，士不往。仕无中人，不如归田。虽有中人，而无家兄，不异无翼而欲飞，无足而欲行。"⑲这样的王朝如何不亡！南朝梁代的鱼弘历任太守，经常对人说："我为郡，所谓四尽：水中鱼鳖尽，山中獐鹿尽，田中米谷尽，村里民庶尽。丈夫生世，如轻尘栖弱草，白驹之过隙。人生欢乐富贵几何时！"⑳唐代李山甫感叹："南朝天子爱风流，尽守江山不到头。总是战争收拾得，却因歌舞破除休。"㉑有这样的天子和臣子，江山怎么能守到头呢？还有许多时期以勤政为俗务，以空谈、交际为高尚，一些踏实做事的人反而受到歧视，如东晋卞壶"勤于吏事"㉒，但名士多不与他交往。南朝梁何敬容"独勤庶务，为世所嗤鄙"㉓。

这些风尚下，官吏们不仅不按律法政令行事，甚至丧失了做人做事的基本原则，忠信不守、弄虚作假、寡廉鲜耻、纵欲无限、昏聩自傲、唯利是图。失去基本的价值观、人生观，整个社会正气不张，萎靡不振，对王朝政治危害极为严重。

二、我国历史上的反腐倡廉思想

思想是实践的先导，我国历史上的反腐败思想早于反腐败的制度。先秦时期的思想家、政治家从借鉴历史经验教训出发，围绕如何反腐倡廉、治国理政、巩固政权有丰富的思考。这些思想虽是为了维护剥削阶级统治的长治久安，但也是传统文化的组成部分，深刻影响着后世的反腐倡廉，部分内容至今仍有借鉴意义。

“以廉为本”。“廉”的本义是“堂隅”，有棱角、锋利。后引申为清白、公平、俭约、方正、高洁、明察。春秋时期的政治家、思想家管子将礼义廉耻视为“国之四维”，认为“四维不张，国乃灭亡”㉔；稍后的晏子认为：“廉者，政之本也。”㉕他们都将“廉”放在关系到国家根本的位置上来考虑。“廉政”一词出现在《晏子春秋》中。书中记载，齐景公曾问晏子：“廉政而长久，其行何也？”晏子回答：（廉政）要像水一样。美好啊清清的流水，它浑浊了就没有好的前途，它清澈了才能长久奔流！㉖

廉的内涵是什么？什么才是廉？我国历史上关于这个问题的完整认识大约形成于战国时期。《周礼》提出了考察“群吏之治”的六个标准：“一曰廉善，二曰廉能，三曰廉敬，四曰廉正，五曰廉法，六曰廉辨。”㉗后来的经学家总结说：“既断以六事，又以廉为本。”㉘《周礼》的“六廉”观是一个卓识，概括了中国古代衡量官吏的标准，全面反映了对官僚队伍素质的要求。“六廉”说在善、能、敬、正、法、辨六字前都加上“廉”字，说明对官吏的基本要求是廉，同时又要具备多方面的行政能力，但这些能力都必须以廉为前提。

“民惟邦本”。民本思想是我国传统思想的珍贵遗产，是廉政思想的核心与根本所在。民本思想起源很早，不晚于西周，我国思想家、政治家就从夏、商重神轻民的失败经验中认识到民的重要性。清华简《尚书》佚篇《厚父》中有“民心惟本，厥作惟叶”[29]的记载，还有“民惟邦本，本固邦宁”[30]的思想，以及“民之所欲，天必从之”[31]等看法。春秋时民本的呼声更加高涨，管子说：“政之所兴，在顺民心；政之所废，在逆民心。”[32]孔子“仁”，孟子的“仁政”思想、民贵君轻思想，荀子以“舟”与“水”的关系比喻君民关系，都是从民本引发出来的。春秋战国之际，我国思想家将神与民的关系转化为君与民、政与民的关系，是一重大廉政思想贡献。此后，民本思想贯穿于我国封建社会，是我国历史上廉政建设的一块思想基石。民本思想的内涵不只是廉政思想，历代统治者也不可能真正做到以民为本。但是我国历史上政治相对清廉的时期，历代循吏、廉吏乃至皇帝的廉政行为，无不渗透着民本思想所包含的忧患意识、安民爱民保民意识。

“贤者在位”。尚贤思想兴起于春秋时代，是人才选拔中的廉政思想的强烈呼声。尚贤内含有三个方面：一是反对任人唯亲，提倡重视才能。春秋郑国执政子产说：“爱人则以政，犹未能操刀而使割也，其伤实多。”[33]墨子激烈反对“骨肉之亲，无故富贵”[34]，认为应该“有能则举之”[35]；商鞅主张“有功者显荣，无功者虽富无所芬华”[36]，孟子主张“贤者在位，能者在职”[37]。二是统治者应当求贤若渴。周公“一沐三捉发，一饭三吐哺”[38]，燕昭王筑黄金台，曹操不拘一格，唯才是举，广为传颂。求贤若渴还需要不拘一格，“虽楚有材，晋实用之”[39]，“外举不避仇，内举不避亲”[40]，毛遂因自荐而“脱颖而出”[41]等都是用人上的灵活机制。三是善于辨别贤才。思想家们提出让民众来评价、实际考察、先试而后用等宝贵思想。管子提出“言勇者试之以军，言智者试之以官”[42]的“试官”思想。孔子、孟子也提出以民众眼光考察人才的思想。

“德为才帅”。正确处理德才关系是我国历史上思想家、政治家从历史实践中总结出来的经验。我国历史上在官僚制初期用人上，轻德重才，官吏信奉“主卖官爵，臣卖智力”[43]的价值观，致使政治信仰严重受损，甚至威胁到君主和中央集权的稳定。汉代开始逐步把先秦以来“德”的思想作为选拔官吏的重要条件，并赋予德非常丰富的内涵，如节俭是德、爱民是德、谦让是德、孝悌忠信是德。汉初陆贾说：“治以道德为上，行以仁义为本”[44]；宋代司马光提出“才者，德之资也；德者，才之帅也”[45]的见解；康熙皇帝说：“朕听政有年，见人或自恃有才辄专恣行事者，思之可畏。朕意，必才德兼优为佳。若止才优于德，终无补于治理耳。”[46]朱元璋说选拔官吏要“以德行为本，而文艺次之”[47]。德才并重，以德为先，是一条用人的廉政经验。

“居官无私”。公私分明是历史上廉政思想对官吏的最基本要求。《商君书》说：“公私之分明，则小人不疾贤而不肖者不妒功。”[48]公私不分，关系到国家的根本；思想家们提出要“任公而不任私”[49]，“不以私爱害公义”[50]。作为君主应当“无私恩”，不因爱一个人而“私赏”，不因恨一个人而“私罚”，应当遵守法律，明确公私之分；作为官吏，应当“居官无私”[51]，“国耳忘家，公耳忘私”[52]。秦汉以后，人们往往在“廉”字前加上“公”，称为“公廉”，这是廉政思想的新发展。公私分明是我国历史上许多廉洁为政、洁身行事的思想基础。诸葛亮鞠躬尽瘁，死而后已，公私分明，生前给刘后主上过一份奏章，说自己在成都有八百棵桑树，有薄田十五顷，衣食都是官给的，没有经营别的财产。这可能是历史上最早的一份官员财产申报书。公私分明是历史上廉吏为政的一个重要特点。

“正身律己”。正身律己是我国历史上对官吏自身素质的廉政思想要求。《列子》记载，楚庄王曾问楚国学者詹何怎样治国，詹何说，我只知道治身不知道治国，而且我未尝听说自身治理好了而国家乱了的道理，也未尝听说自己都治理不好而国家治理好了的故事。[53]“法之不行，自上犯之”[54]。

孔子多次论述“政”与“正”的关系，强调为政者应当经常“自省”“见贤思齐”。[55]个人的道德修养当然未必有那么大的作用，但正人不正己肯定会失败。“君子之德风”，上之所好，下必甚焉，培养良好的政风，首先要从上做起。[56]汉代思想家董仲舒说：“为人君者，正心以正朝廷，正朝廷以正百官，正百官以正万民，正万民以正四方。”[57]“正心”就是正身。

“家国同构”。家国同构，修身齐家治国平天下，通过家庭教育培养官吏的廉政行为，是我国历史上培养官吏廉政行为的一条具体途径。《尚书》说：“克勤于邦，克俭于家。”[58]《孟子》说：“天下之本在国，国之本在家，家之本在身。”[59]《礼记》说：“一家仁，一国兴仁；一家让，一国兴让。”[60]《吕氏春秋》说：“人臣孝则事君忠，处官廉。”[61]《孝经》说：“孝，德之本也。”[62]节俭与孝是家庭伦理、个人伦理，忠和廉是政治伦理，我国古代廉政文化将二者有机结合起来，对于促进和保障官吏的廉政行为有很大的积极意义。鲁相季文子“以德华国”[63]，勤俭治国持家；西魏苏绰，“常以天下为己任”，性格节俭朴素，从不置家产，死后家无余财[64]。我国历史上很多廉吏的行为，究其来源，大都与他们从小就接受了远大志向，尽忠报国的家庭教育有关。

“循名责实”。循名责实是激励官僚砥砺前行的廉政思想。为官不仅仅是道德层面的廉洁，还需要为政能力和制度保障。我国历史上的思想家主张通过循名责实的方式严格考核，反对图慕虚名。不怕要官，而怕严格的岗位考核。齐桓公对管子说，官少而要官的人多，我很头痛。管子回答："因能而授禄，录功而与官，则莫敢索官。君何患焉！"[65]韩非说："因任而授官，循名而责实，操生杀之柄，课群臣之能者也，此人主之所执也。"[66]诸葛亮治蜀："庶事精练，物理其本，循名责实，虚伪不齿。"[67]"明主治吏不治民"[68]是一条历史经验，"循名责实"就是治吏的重要方法。我国历代严密的考课制度源于"循名责实"的思想。

我国历史上廉政思想教育形式多样：第一，公文、谈话教育。汉代的诏书开始的一段话，往往都是教育官吏为政以德，廉洁从政。唐太宗多次与官吏谈权力、金钱与生命的关系。在《贞观政要》中，他说道："人有明珠，莫不贵重，若以弹雀，岂非可惜？况人之性命甚于明珠，见金银钱帛不惧刑网，径即受纳，乃是不惜性命。明珠是身外之物，尚不可弹雀，何况性命之重，乃以博财物耶？"他告诫臣下，贪心的人其实不懂爱财的道理，不懂得贪财的危害："若受人财贿，不过数万,一朝彰露，禄秩削夺，此岂是解爱财物？规小得而大失者也。……且为主贪，必丧其国；为臣贪，必亡其身"；他还谈到贪赃对自身、家人的危害性："古人云'贤者多财损其志，愚者多财生其过。'此言可以为深诫。若徇私贪浊，非止坏公法、损百姓，纵事未发闻，中心岂不恒恐惧？恐惧既多，亦有因而致死。大丈夫岂得苟贪财物，以害身命，使子孙每怀愧耻耶？”[69]

第二，官箴教育。官箴是官吏为官的常用书，其中有很多廉政的经验总结。宋代吕本中的《官箴》说：“当官之法，惟有三事：曰清，曰慎，曰勤。”[70]元代张养浩在《牧民忠告》中说，修身洁己，努力做好本职工作，荣誉也就随之而来，人民也会称颂你。流行在明清的官箴说“公生明，廉生威”[71]；“吏不畏吾严，而畏吾廉”[72]等。这些都从各个角度影响着官吏的日常行为。

第三，家庭灌输。诸葛亮告诫子女说：“静以修身，俭以养德，非淡泊无以明志，非宁静无以致远。”[73]唐代颜真卿告诫子女：“政可守，不可不守。”[74]北宋包拯去世前留下遗训：“后世子孙仕官，有犯赃滥者，不得放归本家；亡殁之后，不得葬于大茔之中。”[75]南宋胡安国在家书说：“汝在郡，当一日勤如一日。”[76]

第四，学校教育与策试、考试。学校培养官吏的后备人才，儒家经典为必读书。正身修己、清白做人等基本价值观也通过学校教育灌输到他们心中。历代帝王也经常用策试、考试的方式灌输廉政观，促使为官者先要学习廉洁为政。

第五，大众传播渠道。我国历代诗歌、小说、戏剧、绘画等大众传播渠道中，弘扬廉洁，讽刺丑恶的内容十分丰富，也成为官吏廉政学习的一条重要渠道。

三、我国历史上反腐倡廉的制度措施

社会变化是廉政制度产生的基础。我国历史上反腐倡廉的制度措施萌芽于春秋战国，建立健全于秦汉及其后两千多年的封建社会。这与我国历史上国家治理方式从分封制转向君主专制中央集权官僚制行政管理有密切关系。秦汉以后，如何保障数十万的官僚队伍高效、廉洁运行而不腐败堕落，廉政制度建设是历朝首要任务。需要说明的是，我国历史上的反腐倡廉不仅仅是查处贪官，而是涵盖了官吏选拔任用、管理考核、监察监督、思想教育等一整套措施。我就这些方面的主要问题总结如下。

（一）官吏选拔任用中的廉政措施

我国历史上的官吏选拔自战国后大致经历了察举制、九品中正制、科举制等方式。从反腐倡廉的角度看积累了很多经验。

第一，重视基层经验。“宰相必起于州部，猛将必发于卒伍。”[77]重视基层磨炼、重视实践能力培养，是历代用人的一条重要经验。汉代察举制下，被举为孝廉的，都要到中央任郎官，熟悉各种事务后，再授予具体基层官职。唐代尤重基层用人，甚至有人提出“不历州县不拟台省”[78]。唐玄宗规定：“凡不历都督、刺史，虽有高第，不得任侍郎、列卿；

不历县令，虽有善政，不得任台郎、给、舍。”[79]后世也大体如此。

第二，重视功劳。我国历史上的功劳有两种概念。一是狭义的功劳，武有战功，文有事功，可以获得选拔。秦汉的军功爵是武功，而出了好的计策、为国家作出了各方面的贡献，是文功，也可以授予官职。如秦代的客卿制选拔了许多优秀人才。二是广义的功劳，指没有贡献，也没有过错，依靠年资而获得提升。北魏的“停年格”和唐代的“循资格”制度就是如此，这主要针对已仕官僚的提升。不问才能，只问年资，弊端很多，但也是稳定官僚队伍的方法之一。基层经历和功劳制度与廉政没有直接关系，但这种基层经历有益于廉政能力的培养。制度化的年资制度，也可以为官吏提供预期目标，减少为政中的腐败行为。

第三，“试官”与考试。“试于官而事治者则用之”[80]。汉制，初为官者都要试用一年，合格者才能为“真”官。唐代吏部以身、言、书、判来考察科举及第者，也是为了确保他们具备必需的行政能力。我国选官中的考试方式在科举之前就有很长的历史，只不过不普遍而已。隋唐以后，不分门第高下，不问高门寒门，都可以按条件报名投考，“朝为田舍郎，暮登天子堂”[81]不是梦想。创造一个公平的考试制度，是选官廉洁性的保障，也是社会公平的最大需求之一。

第四，选举不实承担法律责任。历代选官都有具体科目，根据国家的不同需要制定被选举者的素质、年龄、身份等规定，监察部门要介入选举过程，对选举者和被选举者实施监督。如果选举不实，选官要承担法律责任，而选举得人则予以奖励。

第五，回避制度。我国从汉代开始实行官吏任用的回避制度。首先是籍贯回避。地方长官不用本籍人。如刺史不用本州人，郡国守相不用本郡人，县令、长、丞、尉不但不用本县人而且不用本郡人。负责监察的官员也不得在本籍监察。其次避亲。避亲在历代严格程度不同。如汉制规定，结为婚姻的双方，任官需相互回避对方的原籍。皇亲国戚不得“在公卿位”或某些重要地区任职[82]，后宫之家“不得封侯与政”[83]。清代避亲更细致，科举中的师生关系也要实行任职回避。最后避近。对君主身边的人、高级官吏，其子弟任官也有一定的回避限制。回避制度增添了选官的复杂程度，但在历史上对防止官官相护，以及亲属、同乡对政务的干扰有一定作用。

（二）官吏考课中的廉政制度

“有道之主，听言督其用，课其功，功课而赏罚生焉。”[84]考课是历代管理官吏队伍的基本手段，是激励官僚队伍廉洁为政的重要保障。明代著名改革家张居正说：“盖天下之事，不难于立法，而难于法之必行；不难于听言，而难于言之必效。若询事而不考其终，兴事而不加屡省，上无综核之明，人怀苟且之念。虽使尧舜为君，禹皋为佐，恐亦难以底绩而有成也。”[85]他还说，近年各衙门都很忙碌，公文繁复，但是却没有什么实效。这是对明代中后期考课荒废一针见血的批评，也说出了考课对于吏治的极端重要性。

我国历史上关于考课的思想起源很早。《尚书》中有“三载考绩。三考，黜陟幽明”[86]的记载。《周礼》一书中有丰富的考课内容、考课方法和考课结果处置的设计，其中以“六廉”[87]考课群吏的思想，影响至为深远。春秋战国时期，随着官僚制替代世官制，考课制度逐渐形成并延续不断，成为奖惩官吏、改善吏治的重要措施。总体看，我国历史上的官吏考课有四个基本特点：

一是考课方法与考课法规完善。秦汉的考课方法是上计制，魏晋大体延续。隋唐进一步完善严密，创立了“四善二十七最”考课体系。[88]宋代大体延续唐代，考课标准为“四善三最”或“四最”等。[89]明代以考满、考察两种方法考课各类官吏，清代基本延续。各朝都有考课周期的详细规定和具体的考课法规，如汉有《上计吏》、西晋有《五条课郡县法》等，这些法规对考什么、如何考都有具体规定。历代有专门负责考课的部门、机构、人员。西汉的丞相、御史二府，东汉及其后的尚书台与尚书省的吏部，逐渐成为负责考课的专门机构。隋唐三省六部制形成，吏部下设考功司，由考功郎中专门负责考课事宜。我国历史上对考课的重视还表现在分级考课与考课到人头上。哪些官吏属于中央甚至皇帝亲自考，哪些属于地方、部门考，哪些是考课官，哪些是考课吏，皆有章可循。许多时候被考官员要到现场陈述，回答问题。考课结果也要公开宣读。

二是考课重德尚能。考课重德包含着对官吏政治素质和个人品德的考评。历代本着以德为先的选人原则，把德的考课放在首位。秦汉把“敦厚、质朴、逊让、节俭”所谓“四行”放在首位[90]；西晋考课标准的第一条是“正身”；唐代把“德义有闻”“清慎明著”“公平可称”“恪勤匪懈”的“四善”放在前面[91]；宋代磨勘以“四善”为首，都是考课重政治素质和品德的反映。考课重德，但绝不轻能，对能的要求始终非常严格。秦汉的上计要求各级官府在年终将所辖境内的户口、垦田、钱谷入出、盗贼多少等众事，以“集簿”形式逐级汇总到郡国，最后由郡国上报中央，中央据此评定出地方长官治理的好坏等级。唐代将官职划分为二十七个不同种类，对不同岗位的官吏采用不同的考课标准。以加强考课作为整顿吏治的方法在历史上也常常使用，张居正改革设立“考成法”，其目的就是纠正官吏的不作为，注重工作实绩、能力的考课方法。

三是据考课结果奖惩。“有课而无赏罚，是无课也”[92]，注重“课其殿最，奏行赏罚”[93]是一条历史经验。历代注重将考课结果与官吏的奖惩紧密结合起来。考课优秀者给予升迁、增秩、赐爵、赏金等，考课不合格、贪赃枉法者要接受问责、降级、免官甚至处以刑罚。如唐代考课分为九等，中上等级的，增加俸禄，中中等级的，不增不减，中下等级的削减俸禄。明初朱元璋不仅重视考课，更重视对考课结果的处置。明洪武十八年（1385），吏部对县级以上的4117名官吏进行考核，认为称职者只占十分之一，平常者占十分之七，不称职者占十分之一，贪污昏庸者占十分之一。朱元璋"令称职者升，平常者复职，不称职者降，贪污者付法司罪之，阘茸者免为民"[94]。

四是监察监督人员介入考课过程。我国历史上重视对考课过程的监督监察。汉代考课的"计簿"要存放在丞相和御史大夫"两府"中，目的是要让御史大夫"察计簿，疑非实者，按之，使真伪毋相乱"[95]。唐代考核过程中，不仅中书、门下两省要派出监考使、校考使等监督，还派出巡察使，访察京内、京外官吏善恶，上报吏部考功司，目的是防止各地上报尚书省的考课材料失实。明清官吏考课，四品以上由皇帝裁决，五品以下则由吏部和都察院共同负责，目的是保障考课的权威性与真实性。

严密的考课制度，是我国历史上整肃吏治的重要措施。历代考课制度渐趋严密，在发现、提拔德才兼备之人，激励官吏忠于职守、勤勉为政上起到了重要作用。

（三）官吏监察制度的演变与特点

“彰善瘅恶，激浊扬清，御史之职也。政之理乱，实由此焉。”[96] 监察是防止国家机构、公职人员权力滥用、失职渎职的重要手段。主要特点有以下四个方面：

一是监察机构设置传承有序。秦汉最高监察机构是御史大夫府，“典正法度”“总领百官，上下相监临”[97]，设司隶校尉监察京师附近地区。汉武帝时以划分监察区的方式设立刺史，开创我国分区巡视监察制度之先河，此后我国历史上的地方监察始终是以区的方式进行的。东汉、三国以后，御史台成为专门、独立的监察机构，直至明清演变为都察院。历代监察机构设置与职能有沿有革，无不体现出监察在封建国家吏治中的重要作用。

二是监察法规系统完善。为保证监察满足政治需要，同时对监察官员自身行为制约，历代制定了较为系统完善的监察法规。我国历史上监察法规形成较早，汉武帝时期正式形成了《六条问事》的监察法规。此后，曹魏有《六条察吏》、西晋有《察长吏八条》、唐代有《巡察六条》、宋代有《御史台仪则》、明代有《宪纲事类》、清代有《钦定台规》，等等。这些法规对监察官做什么和不做什么作出了详细规定，是为了保障监察在法规范围内运行。值得注意的是，我国历史上监察法规既监察吏治，也督查其他社会不稳定因素；既纠举不法，也举荐人才，监察、举才并重是特点。特别是举才这一点，值得肯定。

三是监察与日常教育、监督紧密结合。20 世纪 70 年代在湖北云梦睡虎地出土的秦代竹简中，有一篇《为吏之道》。其中说："吏有五善：一曰忠信敬上，二曰清廉毋谤，三曰举事审当，四曰喜为善行，五曰恭敬多让。五者毕至，必有大赏。"[98]为官必须忠诚、廉洁、谨慎、善良、礼让，是历代官吏教育的重要内涵。我国历史上有很丰富的官德思想，以民为本、修身立德、正身律己、清正廉洁、忠于职守等都是官德教育的基本内容。历代很重视官吏日常政务与个人行为的管理，防患于未然。如行政监督中，就有审计官员钱财物进出，明确出行车马仪仗、饮食待遇，禁止官员交际攀缘、擅离公署、频入茶酒市肆及倡优之家等行为的缜密规定。

四是重视吏治舆论监察。察举制和九品中正制在制度设计上，就把舆论评价作为选官要素。汉代有"举谣言"制度，即三公要听采舆论对地方长官的评价，了解民间疾苦，按期汇报。州县官治理不好，被"举谣言"者，一律免官。历代还采取委派风俗使出行，或明行或暗访，观听民情舆论，察吏治得失，也取得较好效果。值得一提的是，我国历史上有延续不断、颇为完善的谏官系统，也在指陈吏治得失上发挥了重要作用。特别是宋代以后，御史与谏官系统合一，从制度上明确了谏官对百官的监察作用，补充了监察之不足。

当然，我国历史上的监察也留下一些教训。一是监察繁密。监察不断侵夺、干扰行政权，行政转化为监察所属。如汉代刺史演化为州牧，唐代观察使演变成道的行政长官，明代督抚总掌地方军政财政大权，致使行政层级不断扩张。这种状况不仅干扰了行政，也破坏了监察制度本身。二是监察多头、叠床架屋。历史上的监察在本质上是维护君主专制、封建中央集权的工具，而不是代表人民利益。为了维护君主专制的需要，监察制度可以随时被破坏。宋代为了维护君权，监察体制变成了分割官吏权力的工具，使其相互牵制、掣肘。甚至朝政一有举措，则批评、议论纷至，对政务推行有很大消极作用。官吏虽然不敢擅权一方，但进取之心日消，苟且因循不作为之风渐长。明代另设厂卫，以对皇帝忠顺与否作为监察目的，又属典型一例。三是监察受封建政治兴衰与人治影响极大。当君权与中央集权强大时，监察往往能发挥较好作用；反之，监察体系则衰弱，一些监察官或明哲保身，或随波逐流，或自身陷入腐败与朋党之争，完全失去了监察应有的意义。

四、我国历史上反腐倡廉的若干启示

“横看成岭侧成峰”。我国历史上数千年反腐倡廉的实践始终与王朝兴衰枯荣相伴随，积累了丰富的经验，也留下教训，给我们以深刻启示。

一是要看到腐败的长期性与复杂性。腐败是一种历史性现象，古今中外，概莫能外。通观历朝历代，乃至一个朝代早中晚各时期都有腐败现象。关键是王朝是否重视反腐败，是否能够找到有效的反腐败之道。汉唐宋元明清一些大一统王朝的前期，反腐败制度措施比较健全，君臣同心，人心思治，就在相当程度上遏制住了腐败，出现了兴盛稳固的局面。王朝后期，人心涣散，纲纪不肃，管不住腐败，任其泛滥，王朝就有了危亡之虞。腐败又是复杂的，是一个王朝的内部问题与弊端的外在表现，严重的腐败则常常是社会危机的表征。历史表明，不是有了腐败就一定亡国，而不能遏制腐败，不能从制度体制上寻找到反腐败之道才会走向灭亡。一部中国历史给我们的重要启示是，要高度重视腐败，坚持不懈地反对腐败，不断加强反腐倡廉的制度建设、思想建设的力度。

二是要坚持德法相依。公元前 221 年秦始皇统一中国，建立了我国历史上第一个中央集权的封建国家。秦的统一是开天辟地的大事件，秦国丞相李斯曾说过："秦四世有胜，兵强海内，威行诸侯，非以仁义为之也，以便从事而已。"[99]法家的治国理念在秦的崛起中发挥了重大作用，但也是其失败的教训。不可一世的秦王朝仅仅生存了 15 年便灭亡了。

正可谓其兴也勃，其亡也忽。汉初几十年内，诸多政治家、思想家对于秦勃兴与覆亡的教训进行了反思和讨论。陆贾认识到，马上得来的天下，不能马上治之。他总结说："秦非不欲治也，然失之者，乃举措太众，刑罚太极故也。"[100]他提出："逆取顺守""文武并用"的主张[101]。汉初的另一位思想家贾谊进一步提出以德去刑，以德教之的主张，从理论上分析了法治与德治的功能及利弊得失。在总结秦骤亡教训的基础上，儒家政治哲学中的"以德治国"和"德主刑辅"思想被重新肯定和发展，进而形成了历代王朝德法相依的治国方略。这一方略也部分地体现于历史上反腐倡廉的实践中。尽管史上真正达到德法相依的理想状态并不多见，但思想教育和法制规范并重的理念无疑是正确的。

三是要奖惩并举。中国历史上在反腐倡廉的长期实践中，不乏走极端的倾向。朱元璋以猛治贪，以极其严酷的手段惩治腐败，搞了扩大化，弄得人人自危。另外又实行低俸制度，大小官吏苦不堪言。清代总结经验教训，逐步改变了官吏低俸的传统，发放"养廉银"，提高官吏待遇，一定程度上改变和缓解了官吏普遍贪污的流弊。从我国历史上反腐倡廉的长期实践看，解决腐败问题，保持官吏廉洁，奖惩并举、疏堵结合是比较成功的。给予官吏较好的待遇，形成激励和保障机制，以保证绝大多数官吏的廉洁，与此同时集中打击惩治少数的徇私枉法之徒。"徒法不能以自行"[102]，如果没有对于多数官吏的较好的待遇，形成激励保障机制，官吏队伍的清廉光靠罚是罚不出来的。明代的例子就是一个证明。当代一些国家防治腐败的重要经验也证实，对于官员奖惩并举是一个成功的经验。

四是要集中打击与制度建设相结合。腐败是极其复杂的社会现象，治理腐败绝非一日之功，不能一蹴而就。治理腐败还必须持之以恒，有制度建设跟进。我国历史上凡持续时间较长的朝代，如汉唐明清等，在吏治与监察制度建设上都比较完善。西汉治理腐败形成了刺史制度，魏晋以后形成了御史台、都察院制度，以及道、路、省监察区，都是比较有效的制度，对遏制腐败产生了积极作用。历代行政监察管理细密，选拔、考课制度上的完善，都是与反腐倡廉相向而行的措施。

五是要进一步健全完善当前反腐倡廉制度体制。党的十八大以来，以习近平同志为核心的党中央坚持全面从严治党，反腐败斗争取得压倒性胜利，中纪委在一体推进不敢腐、不能腐、不想腐，健全党和国家监督体系上取得显著成效。但当前反腐倡廉仍然任重道远，面临的问题仍然复杂，极少数官员对物质追逐、权力占有的贪婪并未减弱，干部选用中的跑官要官现象不能小觑，不作为、乱作为的情况时有发生，利益集团改头换面、腐败行为与腐败手段隐蔽性增加，社会对腐败及反腐败的认识还有误区，纪委的权威与监察体制改革还有待加强等问题，都值得我们深思。这里我仅就借鉴历史上的监察制度经验谈一点看法。

应高度重视监察制度的作用。我国历史上的监察制度对维护统一多民族中央集权国家的巩固稳定产生了重要作用，确保了这一政体的稳固，特别是对中央集权的维护、中央政令的贯彻执行，以及保障中央与地方关系的平稳有序，作用尤为重大。从中国历史还可以看到，监察制度强弱是与中央集权强弱互为表里的。强有力的中央集权是监察制度的保障，强有力的监察制度是中央集权的基石。

监察制度对于历代肃清吏治，净化官场风气，提高行政效率，起到了保驾护航的作用。纵观历代监察，其主要特征是矛头直指官吏腐败、不作为、乱作为、失职渎职、不执行中央政令。严密完善的多层次监察制度建立及其运行，是我国历史上国家治理较成功时期的一条经验。

重视监察法规的建立、组织机构的独立、监察官的选用、监察官的保护、监察方式方法的不断完善等是宝贵经验。其中，监察的独立性、制衡性、监察内容的明确指向性，监察与行政、司法的分离，以及巡视监察方式的创立，尤为重要。

从历代监察条规看，监察对象不是一成不变的。我国历史上的监察内容随着时代不同而不同，根据中央集权在各历史时期的发展变化需要而不断调整，惩恶与扬善、治标与治本并行不悖。可以说，监察制度对中华文明的传承延续和丰富中华优秀传统文化的内涵，都有着重大贡献。今天，我们的监察体制无疑应紧跟新时代的步伐，围绕新任务、新的形势，为中华民族伟大复兴做强有力的保障。

清朝统治集团的最后十年

金冲及

中共党史和中国近现代史研究专家，中国史学会原会长，主编《毛泽东传》《周恩来传》《刘少奇传》《朱德传》《陈云传》等。

面对如此深重的民族危机，谁能够实行真正的改革，奋起救亡图存，谁就能得到民众的支持以及拥护，否则，就要被人们所唾弃。

人们对清政府的愤怒已达到极点，“一场革命是免不了的”，这是当时中国社会生活中最突出的事实。奇怪的是，有些著作或文章对这些事实仿佛都置于视野之外，或看得无足轻重，而将笔墨挥洒在清朝政府某些改革措施上，并且把它极度放大，似乎如果不发生革命，对中国的现代化反倒更好些。那就离历史事实太远了。

怎样看待清朝统治集团的最后十年，本来不是难以判断的问题。因为清政府在1911年如此迅速地土崩瓦解、遭到国人抛弃这个事实，已比任何雄辩更清楚地做出了回答。

但近年来这个问题却又被讨论得很热闹。有一种看法认为：如果让清朝政府继续存在下去，稳步地、有秩序地进行改革，中国的现代化将会来得更快些，受到的损害也会更小些；革命只会对社会造成破坏，辛亥革命不仅不必要，而且带来军阀割据下的动荡和混乱，把事情搞糟了。这种看法最初来自海外，后来国内也有回响，不少人以为这很有些新意。

一、一百年前的那场争论

其实，这不是新问题。人们有时很健忘。早在20世纪初的辛亥革命前后，对这个问题就有过激烈的争论。争论的一方是以孙中山为代表的革命派，另一方是以康有为、梁启超为代表的立宪派。前面所说的基本论点当时就以稍有不同的形式提出来了。

当辛亥革命还处在准备阶段时，梁启超以《新民丛报》为主要阵地，发表一系列文章，认为革命不但会杀人流血，还会导致内乱和列强干涉，使中国灭亡，出路只有通过请愿立宪，期待清朝政府自行改革，先实行开明专制，然后“由开明专制以移于立宪”，才是“拾级而升，又不致助长此冲突”。

革命派则指出：无数事实已证明，不能指望这个政府会进行任何根本改革，那样想无异于“与虎谋皮”；只有下决心把它推翻，中国才有希望。《民报》上有篇文章写道：“革命不免于杀人流血固矣，然不革命则杀人流血之祸可以免乎？革命之时，杀人流血于双方之争斗见之。若夫不革命之杀人流血，则一方鼓刀而屠，一方觳觫而就死耳。为国而死，则吝惜之；为野蛮异族政府所蹂躏而死，则忍受之，何死之不择也。”孙中山讲得很干脆：“世界立宪亦必以流血得之，方能称为真立宪。同一流血，何不为直截了当之共和，而为此不完不备之立宪乎？”

这场争论的结果怎么样？当时留学日本的林伯渠后来回忆道：“《民报》（同盟会之机关报，仅出 24 期）寿命虽短，但却迅即传播国内，取《新民丛报》的地位而代之。民主共和的思想，以排山倒海之势，终于压倒了君主立宪论。”当时在内地求学的高一涵也回忆说：“我在先总喜欢读梁启超主办的《新民丛报》和《中国魂》之类的刊物的，看到《民报》后，才认识到国家不强是‘政府恶劣’，而不是‘国民恶劣’，应该建立共和，不应该坚持专制，种族革命与政治革命必须同时进行，种族革命绝不会妨害政治革命。由此可见，《民报》对宣传革命思想，是有显著成绩的。”这些说法很有代表性。辛亥革命后这场争论又起来过。武昌起义后不久，身处海外的康有为接连发表《救亡论》《共和政体论》等文章，宣称：“中国必不亡，而言革命则中国因之而亡”，“中国乎积四千年君主之俗，欲一旦全废之，甚非策也”。第二年，他又发表《中华救国论》写道：“嗟乎！号为共和，而实共争共乱；号为自由，而实自死自亡；号为爱国，而实卖国灭国。”“夫中国之旧法，虽有专制之实，而立一统之制，其所得者亦甚多也，盖非前朝能为之，实中国数千年政俗所流传也，经累朝之因革损益，去弊除患，仅用得之。”“其所缺者，物质文明，民权平等耳。虽未能盛治，然能保人民之生命财产，则先得立国之本原，而为今暴民政治所不及矣。”总之，不要发生革命，保持君主政体，中国必不亡，那比实行共和政体的“暴民政治”要好得多。7 年后，他参加张勋复辟活动，要把溥仪重新扶上帝位。但清室复辟太不得人心，结果只有 12 天就失败了。这是实践的又一次检验。事实表明，中国的绝大多数人对这个曾经煊赫一时的清朝政府已不再有丝毫的眷恋之情。

这不能怪人们无情。最初，许多人确曾把希望寄托在清朝政府身上，期待它能进行真正的改革，救亡图存。如果可以做到，这自然是一条代价更小的道路。可是，事实是冷酷的：这个政府已经腐烂到极点。人们在经历了一次又一次的努力和失望后，再也无法对它抱任何期待了。而国家的一切权力又都集中在它的手里，不推翻它，中国是没有希望的。当时的爱国者为了对这个异常尖锐的问题做出抉择，经历过多少激烈的思想斗争！从孙中山、黄兴到其他革命派人物，最初何尝不曾想通过温和的改革来拯救中国。但是，这些善良的愿望都被无情的事实碰得粉碎，而迫在眉睫的危机又不容许人们从容地继续坐视下去。这才驱使他们下定狠心，义无反顾地走上革命的道路。

从这个简单的回顾中可以看出，前面所说那种看法的大意，100 多年前的立宪派早就用来作为反对革命的论据了，只是不少人在事实的教训下放弃了。100 多年后的今天，有些人不过是在不同历史条件下以不同的形式旧话重提罢了。

二、清朝统治集团的状况

但问题既然又提出来了，不妨重新考察一下清朝统治集团最后十年的实际情况，看看它有没有可能稳步地、有秩序地进行改革，实现中国的现代化。这里说的“最后十年”是约数，是指从 1901 年《辛丑条约》签订，到 1911 年辛亥革命爆发那十来年的历史。

清朝实行的是高度中央集权的体制。戊戌变法失败后，它的最高权力完全握在慈禧太后一人之手。她本来打算废掉光绪的帝位，由于内外阻力而没有实现，但事实上光绪早已形同木偶，在政治上不能起什么作用。翰林院侍读学士的恽毓鼎在《崇陵传信录》中写道："两宫之垂帘也，帝中坐，后蔽以纱幕，孝贞（引注：即慈安太后）、孝钦（引注：即慈禧太后）左右对面坐。孝贞既崩，孝钦独坐于后。至戊戌训政，则太后与上并坐，若二君焉。臣工奏对，上嘿不发言。有时太后肘上使言，不过一二语止矣。迁上于南海瀛台，三面皆水。隆冬冰坚结，传闻上常携小阉踏冰出，为门者所阻，于是有传匠凿冰之举。上尝至一太监屋，几有书，取视之，《三国演义》也，阅数行，掷去，长叹曰：'朕并不如汉献帝也。'"慈禧太后是个只醉心个人权力的人，这时她已年老多病，又经过甲午战争、八国联军进攻的打击，待辛丑订约后，更多考虑的是如何平稳地度过余生。胡思敬在《国闻备乘》中描述她："年且耄矣，屡更忧患，后事遥遥不可知，因推权政府不肯任劳怨。"正当国难深重之际，最高统治者尚且如此，又能指望整个政府有多大作为？

清朝最高统治者的主要辅佐机构是军机处（称为枢府），曾任直隶总督的陈夔龙写道："国朝官制，军机处为最要，始设置于雍正朝，历五世至咸丰。尔时，天子当阳，乾纲独断，任是差者，不过秉承意旨，撰拟诏谕，靖共夙夜，即为尽职。”“厥后两宫垂帘，亲贤夹辅，一国三公，事权不无下移，各有声援，党祸遂因之而起。”“枢府得其人则治，不得其人则乱。此中机括，间不容发。”但大事依然只能由最高统治者独断，决不容许大权旁落。

1901年，军机处成员进行了大换班，这对清朝统治集团的最后十年影响至大。1900年八国联军攻入北京前，军机大臣共七人，首席军机大臣是礼亲王世铎。礼亲王是清初“世袭罔替”的八王之一，世铎行辈高，但其人昏庸无能，易于驱使，故1884年甲申易枢时，慈禧为了罢斥恭亲王奕䜣，才拿他出来摆摆样子。1900年8月慈禧和光绪逃往西安时，他没有随行，不久就退出军机处。军机大臣刚毅、启秀、赵舒翘、载漪四人是八国联军要求惩办的对象，稍后，或死或免职。余下只有荣禄、王文韶两人，到西安后又补了鹿传霖和瞿鸿禨，都是荣禄保举的，而后由荣禄任首席军机大臣。

荣禄在当时清朝大臣中是比较能干的，深得慈禧信任。“但荣禄自辛丑回銮之后，体弱多病，时常请假，后因久病，竟不能入值，屡次奏请开缺，而那拉氏（引注：即慈禧）不许。”过了两年多就病死了。慈禧特下懿旨，称他“翊赞纶扉，适在时事艰难之日，尽心经画，献纳周详，有为中外所不及知者。朝廷倚畀之殷，相须綦切”。“追念前劳，曷胜怆恸。”言辞之间对荣禄的政治评价甚高。

接替荣禄担任首席军机大臣的是庆亲王奕劻。奕劻的贪渎纳贿是出了名的。他接任后的第二年，御史蒋式瑆就上奏：“奕劻自任军机，门庭如市，细大不捐。其父子起居饮食，车马衣服，异常挥霍。”1906年，奕劻长子载振为农工商部尚书，命往奉天、吉林查办事件。次年3月，诏改奉天、吉林、黑龙江为东三省，以徐世昌为总督，唐绍仪为奉天巡抚，朱家宝为吉林巡抚，段芝贵为黑龙江巡抚。因芝贵资浅（道员），忽膺不次之擢，舆论由是大哗。御史赵启霖具疏纠参，称载振至东三省查事，还过天津，芝贵以一万二千金购歌妓杨翠喜献之。这就是轰动一时的所谓“杨翠喜案”。1907年，盛宣怀写给奕劻的一封信说：“忝值千岁寿旦，谨备日金币二万圆，属令陶道（引注：指陶湘）面呈，伏乞赏收。”奕劻回信说：“杨柳风前，忽好音之惠我。荷蒙厚赐，祟饰贱辰，百拜承嘉，五中增感。”这两封现存盛宣怀档案中的原件信函，是奕劻贪渎的铁证。袁世凯手面更大，他刚升任直隶总督、北洋大臣不久，得知奕劻有入军机的消息，就派杨士琦送去十万两一张的银票，随后，“月有月规，节有节规，年有年规。遇有庆王及福晋的生日，唱戏请客，及一切赏用，甚至庆王的儿子成婚，格格出嫁，孙子弥月周岁，所需开支，都由世凯预先布置，不费王府一钱”。从此，遇有重要事件和人事任免，奕劻便都同袁世凯商议。由于得到奕劻的全力支持，袁世凯的实力和对中枢决策的影响日益增强。深得袁世凯信任的张国淦回忆说："庆亲王奕劻自继荣禄而为军机领袖，直隶总督袁世凯深与结纳，为其谋主。于是北洋遥制朝政，其权力之伟更远过于李鸿章。"盛宣怀在北京的密探也透露说："至于领袖（引注：指奕劻）者，本属无可无不可，一听命于北洋而已。"陈夔龙对中枢这种状况感叹道："迨文忠（引注：指荣禄）病逝，继任非贤，争权纳贿，伐异党同，不及十年，大盗（引注：指袁世凯）窃国，阳借共和之名，暗窥神器。"可见奕劻主枢实为清末政坛状况进一步恶化的关键。

但最初奕劻和袁世凯在权力控制上还有两个重要对手，内是瞿鸿禨，外是岑春煊。瞿鸿禨是荣禄死时在任的三位军机大臣之一，也是当时重要谕旨的主要拟稿人，还兼第一任外务部尚书。岑春煊因庚子年慈禧等仓皇逃往西安时率马队一路护送，照料周到，深得慈禧信任，后由山西巡抚而任两广总督。近人徐一士在《一士谭荟》中写道："光绪末时，庆王奕劻长枢机，为朝臣领袖，袁世凯督畿辅，为疆吏领袖，并承后（引注：指慈禧）殊眷，势倾全国。而内则军机大臣瞿鸿禨，外则两广总督岑春煊独深不直之，显树异帜。""后知春煊与奕劻水火，欲调解之，因问以到京后曾否往谒奕劻。对曰：'未尝。'后曰：'尔等同受倚任，为朝廷办事，宜和衷共济，何不往谒一谈？'曰：'彼处例索门包，臣无钱备此。纵有钱，亦不能作如此用也。’后乱以他语而罢。岑春煊屡为后言奕劻贪劣诸状，蕲早斧逐，以澄清政地。后虽不能从，意盖不能无动。”这种说法大体反映出当时朝局的实情。

1906 年 11 月 6 日，清廷在宣布改革官制的同时，也对军机处进行了调整。军机大臣荣庆在这天日记中写道：“奉懿旨，庆邸、瞿相留军机，世相（引注：世续）、林中丞绍年入军机，鹿、徐、铁及庆开军机，专办部务。”退出军机的四人，除鹿传霖年老体衰外，徐世昌、铁良、荣庆都与奕劻、袁世凯关系密切。补入军机的世续是没有多少作为的亲贵，林绍年却是瞿鸿禨推举的。这是一个不小的动作。

庆、袁与瞿、岑之间业已势同水火，政争势在必然。对奕劻的贪渎和袁世凯的跋扈，几乎尽人皆知，慈禧也有所闻。据载，她曾与瞿鸿禨谈起朝事，有“庆王声名外间甚坏，汝在军机处，宜多负责任”之语。

瞿鸿禨退朝后无意间同妻子谈及，结果辗转传言，为记者所知，在英国《泰晤士报》刊载。稍后，慈禧宴请各国公使夫人时，英国公使夫人依据报上消息，问慈禧“是否有奕劻退出军机之事”。慈禧不悦，后以“暗通报馆，授意言官，阴结外援，分布党与”的罪名将瞿鸿禨开缺回籍。为了对付岑春煊，袁世凯更使出卑劣的手段。对此，岑春煊在《乐斋漫笔》中写道：“知东朝（引注：指慈禧）平生最恶康、梁师弟，（袁）乃阴使人求余小照，与康梁所摄合印一帧，若共立相语然者，所立地则上海《时报》馆前也。既成，密呈于孝钦，指为暗通党人图乱之证。深宫不审其诈，既见摄影俨然，信之不疑，惊愕至于泪下，亟诺所以处置者。”岑春煊后来也被免职。这两件事都发生在1907年夏秋之间两个多月的时间内，朝局出现很大逆转，被称为“丁未政潮”。

瞿鸿禨罢职后，军机处缺少得力汉员，慈禧只得令鹿传霖解除吏部尚书职务，重入军机；同时，令醇亲王载沣在军机大臣上学习行走。鹿传霖年迈衰老，难膺繁巨，军机处已经没有主持得力的人。9月，慈禧太后乃命张之洞、袁世凯同入军机，而此前不久军机大臣林绍年被外放河南巡抚，枢垣再次调整。调张、袁入军机，其实也有疑忌袁世凯权力日增的隐衷。“袁在军机，所有一切政务都是禀承谕旨，没有单独发表的事件，只外交部重要政策可以主持。”而把资深望重而又年老力衰的张之洞同时内调，位列袁世凯之前，也有对袁加以牵制的意思。但张之洞远不足以牵制袁世凯。辜鸿铭在《张文襄幕府纪闻》中写道：“丁未年，张文襄与袁项城由封疆外任同入军机，项城见驻京德国公使曰：‘张中堂是讲学问的，我是不讲学问，我是讲办事的。’其幕僚将此语转述于余，以为项城得意之谈。”

首席军机大臣历来都由满族亲贵担任。慈禧这时虽对奕劻已有不满，但环顾满朝亲贵，不是老弱昏庸，就是纨绔恶少，实在提不出可以替代的合适人选。据岑春煊回忆，他在丁未年初赴京时曾对慈禧直言："近年亲贵弄权，贿赂公行，以致中外效尤，纪纲扫地，皆由庆亲王奕劻贪庸误国，引用非人，若不力图刷新政治，重整纪纲，臣恐人心离散之日，虽欲勉强维持，亦将挽回无术矣。""太后言：懿亲中，多年少不更事。尚有何人，能胜此任，汝可保奏。余对：此乃皇太后、皇上特简之员，臣何敢妄保。"

慈禧说的多少也是实话。在她看来，首席军机大臣只能从"懿亲"中来考虑，其他人都不能让她放心，无奈这些"懿亲"大抵"少不更事"，要找一个"能胜此任"的竟无法办到。结果，只能仍由奕劻继续担任首席军机大臣。已在军机大臣上学习行走的醇亲王载沣（就是后来的监国摄政王），"少不更事"，实在难当大任。据载，动议筹备立宪中官制改革这件大事时，慈禧曾问及醇邸，"邸即碰头奏称：'奴才实在年幼无知，不敢妄陈。'慈圣即长叹曰：'如何汝亦可如此？汝即不知，可问大众。'言外仿佛再如此无用，亲贵竟无人，所以长叹也。邸但惶恐碰首，所以后来即未预议"。

懿亲中奕劻贪渎，载沣难当重任，慈禧已别无选择，清朝的国运只得走向尽头。

第二年，也就是 1908 年，光绪和慈禧在两天内相继死去。光绪死在慈禧的前一天，此事后来成为疑案。进入 21

世纪，有关部门研究人员以先进精密仪器对光绪遗发和地宫环境进行检测和研究，发现光绪头发中的含砷量为正常状况的几千倍，属砒霜中毒死亡无疑。“总之，慈禧唯恐自己先死，光绪复出掌权，尽翻旧案，故临终前令亲信下手毒死光绪。从检测结果与史料记载来看，这应是事实的真相。”

由于光绪并没有实际权力，他的死除了对康、梁等保皇派是个沉重打击外，对当时的政局没有产生多少直接的影响。慈禧的死，影响就大多了。“在西太后时代，能得到太后欢心就等于得到了远大前程。要想讨西太后的欢心，首先必须随时摸得着太后的心意，方能做到投其所好。”在辛酉政变后的40多年中，清朝政府至高无上的权力一直由慈禧一手独揽。她毕竟富有统治经验和无上权力，是比较能驾驭内部各派势力的人。她一死，在清朝内部没有一个人能填补这个空白，拿大主意，代替她原有的作用。这就使本已日趋绝境的清朝政府全乱了套，更失去控制局势的能力。

慈禧和光绪死后，3岁的溥仪即皇帝位，年号宣统。光绪的皇后那拉氏（也是慈禧的侄女）被封为隆裕太后。“隆裕初无他志，唯得时行乐而已。”溥仪的父亲载沣（也是慈禧的外甥、光绪的弟弟）当了摄政王。光绪死的当天，载沣在日记中写道：“面承（慈禧）懿旨：现在时势多艰，嗣皇帝尚在冲龄，正宜专心典学，著摄政王载沣为监国，所有军国政事，悉秉予之训示裁度施行。”第二天，慈禧自知病笃，才又说："现予病势危笃，恐将不起，嗣后军国政事均由摄政王裁定，遇有重大事件有必须请皇太后懿旨者，由摄政王随时面请施行。"

过了一个多月，清廷将袁世凯以"回籍养疴"为名，放归河南。罢斥袁世凯，不只是载沣要为他的哥哥光绪报仇，更重要的是清室贵族对汉族大臣权力日重感到恐惧。袁世凯离京时，"南皮（引注：即张之洞）来送行，太息曰：'行将及我'，亦自危其势之孤也。不一载而南皮亦薨于位矣，盖亲贵用事不可挽回也"。

尽管如此，袁世凯经营多年，旧部满布各处，他的潜势力依然存在。

这时，清室各少年亲贵争出揽权，统治集团不仅越来越自我孤立，内部更闹得乌烟瘴气。其中最重要的是两股势力。一股是载沣和他的兄弟要抓军权。溥仪说："我父亲并非是个完全没有主意的人。他的主意便是为了维持皇族的统治，首先把兵权抓过来。这是他那次出使德国从德国皇室学到的一条：军队一定要放在皇室手里，皇族子弟要当军官。他做得更彻底，不但抓到皇室手里，而且还必须抓在自己家里。在我即位后不多天，他就派自己的兄弟载涛做专司训练禁卫军大臣，建立皇家军队。袁世凯开缺后，他代替皇帝为大元帅，统率全国军队，派兄弟载洵为筹办海军大臣，另一个兄弟载涛管军谘处（等于参谋总部的机构），后来我这两位叔叔就成了正式的海军部大臣和军谘府大臣。”

另一股势力是镇国公载泽。“隆裕妹为载泽妻（引注：也是慈禧的侄女），尝往来宫中通外廷消息，故载泽虽与载洵兄弟不合而气焰益张，恃内援也。”他出任度支部尚书，掌握了财政大权，事实上依靠的是盛宣怀。盛宣怀帮助李鸿章办洋务数十年，电报、轮船、矿利、银行等都由他掌握。袁世凯接任北洋大臣后，尽夺盛宣怀控制的电报局、铁路局、招商局等，盛只得卸差回里。载泽任度支部尚书后，“度支部办预算表，梁士诒与唐绍仪把持邮政，皆粤党也。泽公谋欲去之，莫能窥其底蕴。宣怀乘机进贿，遂起用为邮传部尚书”。以后，盛宣怀推行铁路国有政策，也得到载泽的有力支持。此外，还有肃亲王善耆担任民政部尚书，控制了警察大权。

这些少年亲贵尽管出任要职，大权在握，却都是一群不谙世事的纨绔子弟，朝政越来越糟。恽毓鼎在《崇陵传信录》中写道：“二十年前，嘉定徐侍郎致祥尝语毓鼎曰：‘王室其遂微矣。’毓鼎请其故，侍郎曰：‘吾立朝近四十年，识近属亲贵殆遍，异日御区宇握大权者，皆出其中，察其四识，无一足当军国之重者。吾是以知皇灵之不永也。’其言至是而信。”

清朝统治集团确已呈现出日薄西山、气息奄奄的末日景象，难以挽救了。

至于满朝文武以至封疆大吏，除袁世凯、张之洞、岑春煊等少数人外，已看不到多少有所作为的人。陈寅恪在《寒柳堂记梦未定稿（补）》中感叹地写道："同光时代士大夫之清流，大抵为少年科第，不谙地方实际及国际形势，务为高论。由今观之，其不当不实之处颇多。""清流士大夫，虽较清廉，然殊无才实。浊流之士大夫略具才实，然甚贪污。其中固有例外，但以此原则衡清季数十年人事世变，虽不中亦不远也。"恽毓鼎在日记中写道："今日时务，无论大官小官无一得行其志者，可胜浩叹。""奏疏所陈，半系纸上文章，未见悉符实事。且一篇之中，枝叶过于精华，徒费目力，获益殊鲜。"

对已经腐烂到如此程度，只在苟延残喘的清朝统治集团，还指望它能轰轰烈烈做出一番大事业，稳步地、有秩序地推进改革，使中国的现代化来得更好些，不说是痴人说梦，至少也是缘木求鱼。在这方面洋洋洒洒地去做许多文章，恐怕也只能是"纸上文章，未见悉符实事"，或者"务为高论，由今观之，其不当不实之处颇多"。

三、深重的民族危机和社会危机

历史从来是复杂而多面的。为了做出正确的判断，需要有整体性的眼光，恰当地分析它的各个侧面在全局中所占的地位，抓住主线，分清主次。不能脱离全局而孤立地抽取某些片段，加以放大，仿佛这就是事情的主体或全部，据以得出重大的历史结论。用这种研究方法，可以举出若干论据和事实，猛一看也振振有词，其实很难说是严肃的科学态度。

要评论清朝统治集团最后十年的所作所为，不能不先看看中华民族在这十年间面对的最突出、最紧迫、最令人焦灼万分的矛盾是什么——那就是极端深重的民族危机和社会危机。这不是通常平静的时刻。祖国在危急中，中国会不会亡，成为压在人们心头最沉重的问题。再没有其他任何问题能够同它相比了。再看看清朝统治集团在这样严重的危机面前采取了怎样的态度，就不难得出恰当的结论。

中日甲午战争和面对八国联军侵华战争的失败，《马关条约》和《辛丑条约》的相继签订，使鸦片战争以来一直存在的严重民族危机陡然大幅度升级。西方列强在条约中从中国攫取骇人听闻的巨大权益，使中国人蒙受刻骨铭心的耻辱。这些事实为大家所熟知，本文就不多说了。

事情并没有到此为止。当八国联军进攻中国时，野心勃勃的沙皇俄国还单独调集步兵、骑兵 17.7 万人，分 6 路入侵中国东北，强行占领境内主要城市和主要交通线。《辛丑条约》签订后，他们仍不从东北撤兵。俄国的《新时报》甚至公然将中国东北称为“黄俄罗斯”。1902 年，两国签订《交收东三省条约》，规定俄军在 18 个月内分三期撤完。但到

1903年，沙俄不仅不撤一兵，反而增派军队，并且向中国提出7项无理要求，其中包括：俄清两国之外，无开掘东三省矿山权；俄国得以其国之兵，保护东清铁路；东三省置于俄国监督之下，不许他国干预；俄国设商务衙门于奉天，派其国兵保护之；东三省练军归俄国将校训练。这实际上是要把占领东北合法化。俄国的无理要求直接激发留日学生和国内民众掀起“拒俄运动”。湖南留日学生陈天华当年秋天在《警世钟》小册子中写道：“自从俄国复占了东三省之后，瓜分的话日甚一日，人人都说中国灭种的日子到了。”他进一步写道：“你但问俄国占东三省的事真不真，不要问瓜分的事真不真。俄国占东三省的事倘若不虚，这瓜分的事一定是实了。你看德国占领胶州海口，俄国、英国、法国，也就照德国的样儿，各占了一个海口。于今俄国占了东三省，请问中国有几块与东三省一样宽的地方，将来分的时候，恐怕还不够分哩！于今还来问真问假，真真不知时务了。”“须知事到今日，断不能再讲预备救中国了，只有死死苦战，才能救得中国。”这是多么痛切的语言！

由于日本和沙俄争夺东亚的霸权，两国在中国的东北爆发了战争。战争爆发后不久，外务部尚书那桐奉旨看了由大内交出的1896年9月28日互换的《中俄密约》（由李鸿章赴俄，和沙俄外交大臣巴甫洛夫、财政大臣维特谈判后签订，由奕劻、翁同龢、张荫桓在北京和沙俄驻华公使喀西尼互换），内容是："一，为日本国如损东方和平之局，侵占俄土、中国、朝鲜，清俄联和各出水陆军援助；二，如开战，不得一国先议和局；三，俄海军可驶入中国海口；四，修吉黑铁路；五，铁路平时可运俄兵；六，此约以十五年为限。"在沙俄强占旅大又武装占领东北以后，这个密约已经失效。清廷听取袁世凯的意见，宣布对日俄战争守局外中立。上谕说："现在日俄两国失和用兵，朝廷轸念彼此均属友邦，应按局外中立之例办理，著各省将军督抚通饬所属文武，并晓谕军民人等，一体钦遵，以笃邦交而维大局，毋得疏误。"日俄两国在中国的土地上激战，东北人民遭受深重的苦难。恽毓鼎在日记中写道："自两国战后，居民田庐荡尽，无家可归，麇集于省城，朔风冻雪，荡析离居，言之可惨。"

清政府竟宣告局外中立。这不能不使国人感到痛心和蒙受奇耻大辱。与此同时，英国军队从1903年冬天起武装进攻西藏，1904年8月占领拉萨，由于西藏人民的顽强抵抗，在一个多月后被迫撤出。陶湘给盛宣怀的密报中写道："西藏事统归英人，情形较日本之处高丽尤甚。有大臣已将约章寄到，大致谓：'此约章系奉英皇训条办理，不能更改一字，在西藏无论巨细均英主持，无论何国均不得在藏设电杆、造铁路、开矿、驻兵'等语。中国竟无一字提及。末了却云：'此约交中国驻藏大臣翻译遵行'。政府亦无可如何。"这又给中国人很大的刺激。

日本打败沙皇俄国后，排除了同它争夺朝鲜的对手，于1910年正式并吞朝鲜。中朝是唇齿相依的邻邦。朝鲜的亡国，给处在异常敏感状态下的中国人极大的震动，感到等待着自己的可能是同样的悲惨命运。英国《泰晤士报》记者莫理循在第二年1月的一封信里写道："每一个离别三载之后又回到这个国家的人，对公众对日情绪的变化都会有着触目惊心之感。这段期间里，自从朝鲜被并吞以后，人们对日本的感情发生了明显的变化。"

西方列强的势力更进一步深入中国内地。这时，他们的一个重要特点是：把扩大投资放在比商品倾销和原料掠夺更重要的地位，特别是通过建筑铁路、开掘矿藏、经营航运等手段来控制中国的经济命脉。如果说，1901年以前，帝国主义列强虽然在中国划分了势力范围，攫取了各种投资的特权，但一时还来不及直接从事大规模的投资活动；那么，到1903年以后，它们就以空前的规模来实现这种投资的特权，来消化、巩固和扩大前一阶段获得的侵略成果了。其中，铁路投资无论规模之大、获利之丰，都是投资其他企业无法相比的，于是，各国便趋之若鹜。胡思敬写道："是时，西人习知铁道利益，倾资极力包揽，凡京津、津榆、淞沪、津张、沪宁数大支路悉归掌握。"

铁路投资对列强的回报，确实十分优厚。莫理循在1904

年给姬乐尔的信中写道："我们听说伦敦将于今年发行第一期债券，我们诚恳希望它能胜利完成。这条铁路的资产状况极好，抵押可靠，应该是世界上赢利最多的铁路之一。"不仅如此，铁路修筑权又带来沿线的开矿权和政治特权，它的重要性毫不亚于前者，引起列强间的激烈争夺，而中国本身对此如何反应历来不在他们顾及的范围之内。莫理循在1905年1月给日人龟井陆良的信中写道："我认为你应该用信件和电报警告贵国人民注意有关德国在山东活动的新闻。俄国如同德国把它的铁路伸入山东那样，把俄国的铁路伸入满洲以后，就坚持要清廷在任命总督或巡抚时，必须事先将人选姓名通告它。后来清廷任命了一位满族的盛京将军，俄国就因为事先没有同它商量，强迫清廷撤回任命。现在德国正迫使中国将其所拟任命的山东巡抚的人选通知它，这样就干涉了这个省的内政。鉴于德国实际上垄断了这个省的铁路和采矿这一事实，而这个省的地理位置对日本又有极大的价值，你理应尽你所能使贵国人民了解到制止德国在山东的活动何等必要，否则你们在那里将会碰到德国的留难，就像你们在满洲受到俄国的留难一样。"这就把西方列强将他们控制的铁路沿线地区视为自己领土的面目刻画得淋漓尽致了。

本来，兴修铁路对中国的近代化是很重要的，对推动社会进步也有重要作用，似乎应当受到中国人的欢迎。但由于兴修铁路是中国处于半殖民地的境遇下、国家的主权不能掌握在自己手里、列强的侵略野心无限膨胀并且经常背信弃义的情况下进行的，所以它便成为当时爱国者们格外忧心忡忡的焦点。我们可以看看 20 世纪的留日学生刊物中两段很有代表性的话。《江苏》写道："呜呼，铁路之于人国，犹筋脉之于人身也。是故一县失其权则一县死，一省失其权则一省死，况全国南北（粤汉铁道）、东西（蜀汉铁道）交通之大关键乎？"《浙江潮》写道："经济上之竞争，其祸乃更毒于政治上。何以故？譬之是犹人也，朝割其一手，夕割其一足，其人必痛，而其警醒也易，而其反抗之力大，而其人犹可以复生也。若举全身之精血而吸之，其犹茫然皇然莫知所由，未几乃病瘵以死矣，此言其术也。若夫于政治上，则未有经济之权既占，而政治上之权乃犹能以人者也。盖其资本所在之地，即其政治能力所到之地，征之于近代，历历有明征也。"

这种认识，比起 19 世纪末年，显然要深刻痛切得多了。以后四川保路运动成为辛亥首义的导火线，并不是偶然的。

随着内地通商口岸的相继开辟，在短短几年内，许多以前还很少见到外国人的地方，这时也闯进外国轮船，出现许多高视阔步、把中国人看作劣等民族的"洋人"。他们俨然以主子的姿态君临到中国的国土上来。而他们的势力每插到一个地方，都会激起这些地方人民的愤怒和不满。

面对如此深重的民族危机，谁能够实行真正的改革，奋起救亡图存，谁就能得到民众的支持以及拥护，否则，就要被人们所唾弃。而当时的清朝统治集团处在怎样的状况下呢？

《辛丑条约》磋商过程中，慈禧最关注的是“惩办祸首”那一条，生怕列强要逼迫她归政光绪。传闻，“外人于北京所提条款，原有黜废太后，请皇帝亲政一条，持之甚力。李鸿章再三磋商，始允删去”。列强对这一条放过后，她便放下心来。1901 年 2 月 4 日，清廷在列强提出议和大纲并经奕劻、李鸿章草签后，下“自责之诏”，说要“量中华之物力，结与国之欢心”，并说：“今兹议约，不侵我主权，不割我土地，念列邦之见谅，疾愚暴之无知。事后追思，惭愤交集。”第二年 1 月，清朝政府从西安回到北京，从开封到正定这一段路坐了火车。进宫那天，“当西太后乘舆经过使馆人员站立的阳台时，她在轿中欠起身，以非常和蔼的态度向他们回礼”。当接待各国使节时，“召见从头到尾是在格外多礼、格外庄严和给予外国代表以前所未有的更大敬意的情形下进行的；这件事之所以特别值得注意，乃是因为这是西太后第一次在召见中公开露面”，而不是在纱幕后面。接着，她在接待和问候外国使节夫人时，“表示出极大的同情，并且一边和她们说话，一边流泪”。这些，看起来是戏剧性的枝节小事，却很有象征性，显示出清朝政府同帝国主义列强之间政治关系新的变化。

这以后，清朝政府一再传谕保护外人权益，竭力镇压民众爱国运动，聘请外国人担任财政、军事等顾问，连地方大吏的任命也要看外人的脸色行事。胡思敬的《国闻备乘》中专列“外务部媚夷”一条，写道：“堂司官坐拥厚糈，专恃媚夷为固位计，狡者作伥，钝者作媒，其能知外部为中国朝廷所设者，盖无几人。安徽争铜官山矿，部臣告皖抚曰：‘皖南北矿甚丰，此区区者何必与较？’”

恽毓鼎在1906年的日记中写道：“我国外交诸公，平日畏洋人如虎，其敢声罪致讨、争国体而平民心乎？前途概可想见矣。呜乎！（书至此，泪涔涔而下矣。）”1909年在上海出版的《民呼日报》中写道：“自外部设立以后，吾国国权丧失于若辈之手者不知凡几。意旨所存，凡一般官吏无不以媚外为政策。”留日学生千余人1911年2月在日本东京集会，决定组织国民会，发表声明说：“目前，政府官员大多愚昧昏庸，不堪言状。彼等既慑于列强之威，又对列强茫然无所知，显然直如惊呆之孤儿，为人推向陷我国家于深渊之境地尚无察觉。时代要求雄才大略者，然彼等却一味苟且偷安，放弃主权，只知屈从。”

既然清朝政府将自己同帝国主义侵略者紧紧联结在一起，那么，毫不奇怪，民众自然也就将反对帝国主义同反对清朝政府紧紧联结在一起。这是完全符合逻辑的结论。

陈天华在《猛回头》中写道：“列位！你道现在的朝廷，

仍是满洲的吗？多久是洋人的了。列位！若还不信，请看近来朝廷所做的事，哪一件不是奉洋人的号令？我们分明是拒洋人，他不说我们与洋人做对，反说与现在的朝廷做对，要把我们当做谋反叛逆的杀了。列位！我们尚不把这个道理想清，事事依朝廷的，恐怕口虽说不甘做洋人的百姓，多久做了，尚不知信。朝廷固然是不可违阻，难道说这洋人的朝廷，也不该违阻么？”这本小册子流传极广，“洋人的朝廷”这个说法也就深入人心，遭人痛恨和唾弃。

再说严重的社会危机。

到了晚清，中国的社会矛盾本已极端尖锐。甲午战败，赔款 2.3 亿两白银，那时清廷的年财政收入长期在 8000 万两白银左右，这赔款相当于 3 年的全部财政收入，使整个财政经济状况陷于大破产的境地。《辛丑条约》又要赔款 4.5 亿两白银，这就完全无法应付了。饮鸩止渴的办法只有两条：一条是大规模举借外债，这更大大加深对外国列强的依赖和屈从；另一条是对民众加紧敲骨吸髓的盘剥，这就使国内本已异常尖锐的社会危机更大大激化了。

前面讲到清朝的年财政收入一直在 8000 万两白银左右，到 1911 年猛增到 3 亿两白银。在中国这样的农业社会，财政收入如此大幅度的增加自然不是生产发展的结果，只能是对百姓盘剥的加紧。在财政极端拮据的情况下，增加的捐税还成为筹措新政费用的主要手段。贪官污吏乘机巧立名目、层层加码，老百姓就更活不下去了。《国闻备乘》中写道："无政事则财用不足，不节流而急急开源，适便于小人行私，上下皆受其害。予观近时筹款之法，灼然共见者盖有数端：一曰百货统捐，创自江西；一曰烟酒增税，一曰酌提州县盈余，一曰八省膏捐，皆创自北洋；一曰铜元余利，创自广东，一曰漕粮折价，一曰推广捐例，皆创自部臣；一曰房捐，一曰米捐，一曰亩捐，一曰投效，一曰彩票，一曰盐斤加价，一曰整顿契牙各税，皆东南各督抚私自筹画。取民之法愈巧，侵蚀之术愈工。三年之间，户部再火（引注：指户部衙门两次发生火灾），天意盖可知矣！"

到 1910 年，清朝财政状况已支撑不住，出现全国性的财政金融大混乱。清政府除举借外债和横征暴敛外，又采取新的措施滥铸铜元和滥发纸币，用恶性通货膨胀的办法对民众进行无休止的掠夺。铸造铜元是 1902 年冬袁世凯在直隶开始实行的。由于它在铸造过程中可掺亚铅，币值不断下跌，出现一泻千里之势。下层劳动民众收入低微，持有的一般多是铜元。铜元价值暴跌，遭受灾难最大的还是他们。滥发纸币的结果，还造成政府财政信用破产，在城市中出现银号、钱庄大批倒闭的风潮，引起巨大恐慌。这些都是以往中国社会经济生活中从来不曾见到过的。

在这种情况下，下层民众中的自发反抗斗争愈演愈烈。其中最突出的，一个是抗捐斗争，一个是抢米风潮，前者如山东莱阳抗捐斗争，后者如湖南长沙抢米风潮，都是震动全国的。

连向来温和的梁启超也在《国风报》上写道："中国亡征万千，而其病已中于膏肓，且其祸已迫于眉睫者，则国民生计之困穷是已。盖就国家一方面论之，万事皆有可补救，而独至举国资本涸竭，驯至演成国家破产之惨剧，则无复可补救。""就个人一方面论之，万事皆可忍受，而独至饥寒迫于肌肤，死期在旦夕，则无复可忍受。所谓铤而走险，急何能择，虽有良善，未有不穷而思滥者也。呜呼，今日中国之现象当之矣。""愁惨之气，充满国中。呜呼，凡百险状，盖未有过此者。"

1911 年 5 月 2 日，长沙海关税务司伟克非致总税务司安格联的一封信，对局势作了这样的概括："毫无疑问，大多数老百姓是希望换个政府的，不能就说他们是革命党，但是他们对于推翻清朝的尝试是衷心赞成的。"4 天后，他又写了封信说："我看在不久的将来，一场革命是免不了的，现在已经公开鼓吹革命，并且获得普遍的同情，而政府并没有采取任何预防措施，却尽在瞎闹。"

在严重的民族危机和社会危机中，人们对清政府的愤怒已达于极点，"一场革命是免不了的"，这是当时中国社会生活中最突出的事实。奇怪的是，有些著作或文章对这些事实仿佛都置于视野之外，或看得无足轻重，而将笔墨挥洒在清朝政府某些改革措施上（当然有些措施的积极作用也是可以如实加以肯定的），并且把它极度放大，似乎如果不发生革命，对中国的现代化反倒更好些。那就离历史事实太远了。

四、清朝政府的预备立宪和其他

清朝统治集团的最后十年，面对覆亡的威胁，表示要进行改革，也做过一些事。最近被谈得很多、捧得很高的是它宣布预备立宪。

清朝政府在进入 20 世纪后表示要进行改革，是从 1901 年 1 月 29 日在西安下诏变法开始的。上谕中说："世有万古不易之常经，无一成不变之治法。穷通变久，见于《大易》，损益可知，著于《论语》。盖不易者三纲五常，昭然如日星之照世；而可变者令甲令乙，不妨如琴瑟之改弦。"话虽说得笼统，但什么可变，什么不可变交代得很明白；具体的"令甲令乙"是可以变的，"三纲五常"的"常经"是"万古不易"的。推行新政的统汇机关是 1901 年 4 月 21 日设立的督办政务处。清廷上谕中说明自下诏变法后，各处陆续条陈已复不少，"此举事体重大，条件繁多，奏牍纷繁，务在体察时势，抉择精当，分别可行不可行，并考察其行之力不力，非有统汇之区，不足以专责而挈纲领"。派奕劻、李鸿章、荣禄、崑冈、王文韶、鹿传霖为督办政务大臣（一个月后又增加瞿鸿禨，以后成员多有变动），刘坤一、张之洞“著遥为参预”。新政措施多由督办政务处集议，然后奏请朝廷决定。大权仍在朝廷掌握之中。“立宪”的口号是戊戌维新期间康有为、梁启超等提出来的。康有为代内阁学士阔普通武起草过《请定立宪开国会折》。政变发生后，康、梁逃亡海外，继续鼓吹君主立宪，被称为立宪派。但他们认为目前民智未开，只能从事预备，至少要 10 年到 15 年，也许得 20 年才能实行。

日俄战争发生，日胜俄败，国内许多人把它看成君主立宪政体战胜君主专制政体。革命浪潮高涨，更使清朝政府惶恐不安，力求寻找新的出路，“永绝乱萌”。1904 年，驻法公使孙宝琦上书督办政务处，要求“乘机变法”，“以督办政务处为上议院，都察院为下议院”。1905 年夏，湖南巡抚端方晋京陛见，慈禧问他：“新政已皆举行，当无复有未办者。”对曰：“尚未立宪。”孝钦素闻立宪为民主义，遽变色曰：“立宪如何？”曰：“立宪则皇上可世袭罔替。”孝钦哂曰：“吾今乃闻天子亦有世袭罔替之目。”

端方固然是闹了大笑话，但慈禧没有发怒，因为端方的本意是说立宪可使清朝的统治长治久安，这一点打动了慈禧的心。这年 7 月，清朝发布上谕，简派载泽、戴鸿慈、徐世昌、端方、绍英“分赴东西洋各国考求一切政治，以期择善而从”。徐世昌日记9月17日记载：“入直。召对后偕泽公五人请训。勖以‘朝廷甚重此事，出去要认真考察，将来好采取有用’。”不料，临行时忽遭保定高等学堂学生吴樾行刺，出洋考察被迫暂缓启程。

同年12月，清廷在调整成员后，仍派载泽、端方等率员分两路出国考察。主要的一路由载泽率领，考察重点是英、日两国，都是实行君主立宪制的国家。他们在日本考察了近1个月，上奏说：“大抵日本立国之方，公议共之臣民，执柄操之君上，民无不通之隐，君有独尊之权。”考察英国的结果是：“一事之兴，必经众人之讨论，无虑耳目之不周。一事之行，并由君主之决成，无虑事权之不一。”

关注的焦点始终在“政柄操之君上”“无虑事权之不一”这一点上，放开的只是可“经众人之讨论”，你们谈谈是可以的，但决定权仍属君主一人。1906年7月间，他们先后归国，上折奏请清政府改行立宪政体。

但当时清朝统治集团内部的看法仍不一致，不少人仍心存疑虑，甚至公开持反对态度。于是，载泽又单独上密折，力请宣布立宪。他说：“君主立宪大意在于尊崇国体，巩固君权，并无损之可言。”接着，他列举日本宪法中规定的君主统治大权17条，“以此言之，国之内政外交、军备财政、赏罚黜陟，生杀予夺，以及操纵议会，君主皆有权以统治之。论其君权之完全之严密，而无有丝毫之下移，盖有过于中国者矣”。他还安慰慈禧，近日宣布立宪不过是表明宗旨，要为立宪做准备，可以“维系圣治人心”。“至于实行之期，原可宽立年限。”

载泽是慈禧的侄女婿，素得慈禧信任。这个密折打动了慈禧的心。9月1日，清廷以奉太后懿旨的形式颁布上谕称：“时处今日，惟有及时详晰甄核，仿行宪政，大权统于朝廷，庶政公诸舆论，以立国家万年有道之基。但目前规制未备，民智未开，若操切从事，徒饰空文，何以对国民而昭大信。故廓清积弊，明定责成，必从官制入手，亟应先将官职分别议定，次第更张。”“俟数年后规模粗具，查看情形，参考各国成法，妥议立宪实行期限，再行宣布天下。视进退之迟速，定期限之远近。”这里最重要的三点：一是“大权统于朝廷”；二是“必从官制入手”；三是“视进步之迟速，定期限之远近”。这些要点是与载泽的密奏相吻合的。

接着便设立编纂官制馆，以孙宝琦、杨士琦为提调，他们都是袁世凯的人。草拟的官制改革方案由提调汇呈另有盘算的袁世凯核定。其中最重要的内容是：内阁设总理大臣一人，左右副大臣二人，各部尚书均为内阁政务大臣参知政事，作为行政总机关，而将军机处撤销。为什么袁世凯对“预备立宪”表现出如此大的热心？张謇的亲信刘厚生一针见血地指出：“他想借改革官制的机会，把军机处裁撤，按照立宪国的责任内阁制由首相组织内阁。再拥护庆王做国务总理大臣，自己做副总理大臣。至于各部的大臣则由首相推荐，称为中央政府。等中央政府成立之后，再议改革各省官制。如此，则一切用人之权，都操在庆王之手。说穿了，就是在世凯之手。”盛宣怀派在北京的密探陶湘也向他报告：“至于领袖者（引注：指奕劻），本属无可无不可，一切听命于北洋（引注：指袁世凯）而已。”

袁世凯这次做得过于操切和露骨了。方案传出后，朝论大哗，部院弹章蜂起，也引起慈禧的疑忌和不快。胡思敬在《大盗窃国记》中写道：“官制草案上，诏孙家鼐、瞿鸿禨为总核。召见袁世凯，尽以参折示之。世凯言：‘筑室道谋，安能成事？请严惩一二人以息众嚣。’孝钦大怒，曰：‘汝兵柄在手，何不执言者而尽诛之？’世凯股栗，不敢对。次日即请训出京，尽辞兼差。知天威犹在，人口难防，蓄势待时，不敢遽发。”

11 月 6 日，清廷颁布上谕，称奉太后懿旨：“前经降旨宣示为立宪之预备，饬令先行厘订官制。”谕旨强调：“军机处为行政总汇，雍正年间本有内阁分设，取其近接内廷，每日入值承旨，办事较为密速，相承至今，尚无流弊，自毋庸复改。内阁、军机处一切规制，著照旧行。”同时，宣布将兵部改为陆军部，户部改为度支部，并新增设邮传部等。各部设尚书一人，不分满汉。除外务部外，军机大臣不得兼各部尚书。

作为预备立宪第一步的官制改革，实际上是一次权力再分配，是清朝统治集团内的一场不大不小的风波。权势膨胀过快的袁世凯受到不小的打击：不仅他那套以责任内阁代替军机处的方案完全落空，由于中央集权得到加强，他原有的权力也被大大削弱，如陆军部和度支部的设立夺去了他的不少兵权和财权；邮传部的设立更使他不得不放弃对铁路、航运、电报、邮政的控制。对此，陶湘给盛宣怀的密报写道："本初（引注：指袁世凯）向来大权独揽，所发莫不中的。今'立宪'二字，上既摇动，以为此种好机会，略一布置，即可成功。""到京后连召四次，有'若不及早图维，国事不堪设想'之语，退食后，且有'官可不做，法不可不改。'""本初此番入都，颇露跋扈痕迹，内廷颇有疑心。迨官改制揭晓，练兵及铁路、电政均设专部，而军机仍旧，大失所望。邮传部既设，即应将督办大臣归并，而本初不肯交出。善化（引注：指瞿鸿禨）嘱长沙（引注：指张百熙）赴天津亲见本初，并先到邸堂（引注：指奕劻）处请示。邸云：'慰廷本欲辞兼差，我说且至各设专部再议，渠不致不交；汝可告，既设专部，部中应有全权。'"密报又写道："财政、兵权只陈雨苍汉人（引注：指度支、陆军两部的尚书、侍郎中只有陈璧是汉人，任度支部侍郎），此中大有深意。陆军侍郎本拟士珍（引注：王士珍），及见明文，乃系荫昌。虽令王署，总使汉族无兵权耳。"

总之，从预备立宪一开场就可以看到，一方面是力图以准备改革的姿态，来稳定已严重动荡不安的局面；另一方面，在改革大旗幕后充满着统治集团内部激烈的权力争夺战。

1908 年 8 月 27 日，清朝政府终于公布了一个《钦定宪法大纲》。其实，如同立宪只是“预备”一样，宪法也只是“大纲”而已。那我们就来看看这个《钦定宪法大纲》的内容是什么。它的第一条是：“大清皇帝统治大清帝国，万世一系，永永尊戴。”第二条是：“皇上神圣尊严，不可侵犯。”接着，它便规定：一切颁行法律、召集开闭解散议院、设官制禄、统率陆海军、宣战媾和、订立条约、宣布戒严、司法等大权，全部掌握在君主一人手中。特别是用人、军事、外交等大权，“议院不得干预”，或“由君上亲裁，不付议院议决”。宪政编查馆、资政院在会奏时甚至坦言：“宪法者，所以巩固君权，兼保护臣民者也。”

显然，这个被有些人盛赞的《钦定宪法大纲》无非是企图把君主专制制度用法律形式确定下来罢了。《民报》上说得很痛快：“其所以悬预备立宪之招牌者，不过欲假此名义增爱新觉罗氏万世一系、皇帝神圣不可侵犯、君权至尊无限之三大条于钦定宪法上，以巩固其万年无道之基而已。”同时，它在朝廷内部也要加强集权，以免大权旁落。这必然使清朝统治集团内部原存的矛盾进一步激化起来。

慈禧和光绪不久死去，由摄政王载沣监国，国内局势更加动荡不定，清王朝大崩坏的征兆已经越来越明显地呈现出来。原来政治态度温和、还抱有孤臣孽子之心的国内立宪派确实忧心如焚。他们中不少人兼营工商业。清末新政中有一条“鼓励设厂”，作出一些奖励规定，曾使他们受到鼓舞。其实，清朝财政状况已到了罗掘一空的地步，只是想奖励民间工商业有所发展后可以狠狠从他们身上多榨点钱出来。《时报》一篇文章写道：“自商部成立，当事诸公纷纷聚议，不曰开统捐，即曰加关税，不曰劝募绅富慨赠巨金，即曰招徕南洋富商责令报效。”“自有商部而我商人乃转增无数剥肤吸髓之痛。天下名实不相符之事，乃至如此。”

国史馆总纂的恽毓鼎在上奏中写道：“朝廷举行新政已数年矣。朝订一章程，夕立一局所，‘立宪’二字徒为私人耗蠹之资。闻度支部预算宣统三年财政，出入相抵。各省共亏七千余万两。历年追加之数，尚数倍于此。臣不知九年预备之案，将取资于何款？搜括及于毫末，挥霍等于泥沙。名目日增，民生日困。祸在眉睫，尽人皆知。若犹贪袭美名，厉行不已，恐功未见而国亦亡矣。”这大概也可以说是“天下名实不相符之事，乃至如此”。

从 1909 年秋冬间起，国内立宪派焦急万分，先后发起三次请愿速开国会运动，要求缩短立宪“九年预备”的年限，力争取得部分参与政权的机会，并用于阻止革命的爆发。运动的规模和声势越来越大，几乎席卷全国，还得到一些督抚的支持。清朝政府最初在口头上还表示嘉勉，在第三次请愿后还宣布“著缩改于宣统五年实行开设议院”，斩钉截铁地说：“应即作为确定年限，一经宣布万不能再议更张。”“此后倘有无知愚氓藉词煽惑，或希图破坏，或逾越范围，均足扰害治安，必即按法惩办，断不使于宪政前途稍有窒碍。”当部分地区还想发动第四次请愿时，清朝政府便断然镇压，不仅将请愿代表押送回籍，还将为首者发配新疆，交地方官严加管束。

1911 年 5 月 8 日，清廷谕设责任内阁，裁去原有的内阁、军机处及会议政务处。新设责任内阁以奕劻为总理大臣，那桐、徐世昌为内阁协理大臣。13 名国务大臣中，满族占 9 人，而皇族即有 7 人，被称为“皇族内阁”。这种倒行逆施更引起舆论大哗，许多原来维护它的人士也感到寒心，对清朝政府的立宪已没有多少人再抱希望了。

看起来很奇怪。明明清朝政府已到了众叛亲离、极为孤立的境地，为什么又要把本来支持它的不多的力量一一推开？原因在于：专制者的心理同常人很不一样。越是当它感到孤立的时候，它对周围的人越不放心，要更加紧紧地把权力攥在极少数自己信得过的人手里，迫使立宪派和一些汉族高级官员也对它离心离德。这样就更加自我孤立，陷入无法解脱的怪圈中。许多反动势力穷途末路的时候，往往出现众叛亲离的大崩盘现象，这也是一个例子。

自然并不是说清朝统治集团的最后十年对社会进步有积极意义的事情一点都没有做。当西方资本主义国家对落后国家进行侵略的时候，正如《共产党宣言》所说："它迫使一切民族——如果它们不想灭亡的话——采用资产阶级的生产方式；它迫使它们在自己那里推行所谓文明制度，即变成资产者。一句话，它按照自己的面貌为自己创造出一个世界。"在列强的威迫下，同时出于维护自身根本利益的需要，清朝统治集团也进行了一些学习西方的改革，其中影响最大的是废科举、兴学堂。原来那套以八股文取士的科举制度，离近代的社会生活实在太远了。应该提倡实学的议论，早在洋务运动兴起时已经出现，有好几十年了。在清朝政府看来，进行这项改革似乎还不至于危及其根本利益。所以，1898 年百日维新中宣布的绝大部分改革措施都被取消，京师大学堂却依旧保留下来。在清末各项新政中，兴办新式学堂取得了比较实在的结果，并且产生了相当深远的影响，推翻清朝政府的掘墓人中，不少就是留学生和从国内新式学堂中出来、接受过新思想的人，这却是清朝政府始料不及的。在筹备立宪过程中，各省相继设立了谘议局，它的成员主要是各地绅商，职责不过是提供一些备政府采纳的"舆论"而已，并没有任何实权，在清朝统治者看来，既可以装点门面，又无损于地方督抚的权力。但在各省谘议局活动开展起来后，对打破官府的专制局面，活跃民主空气，也起了一些启蒙作用。此外，在兴办交通事业、改进司法制度等方面都办过一些有积极意义的实事。

但由于整个清朝统治集团，包括各级官员，已经腐败到如此程度，大局已坏，对他们的改革成绩实在不能做过高的估计。恽毓鼎在 1906 年 8 月的一封信中写道："新政百出，罗掘俱穷，地方官实不易为。""今之号称能办新政者，大抵括民间膏血，搏自己功名。士民未享其利，先被其害。"第二年 4 月，他又在日记中写道："看《明季北略》一函，末造大局已坏，而当道诸臣贿赂公行，益泄沓不事事，燕雀处堂不知大厦之将倾……读竟为之泪下，盖无一字不触余怀也。"从莫理循的往来书信中也可以看到不少在华外国人的评论。濮兰德在 1910 年元月的信中说："我对满洲人的任何可能的改革都持悲观态度，而且一直如此，况且目前尚无丝毫改革的迹象。"德来格在这年 10 月的信中说："政府的事并不很好，尽管喋喋不休地宣扬进步，比起慈禧太后时代来没有丝毫进步，也没有什么改革，这是我的许多官方朋友公认的事实。'人人为自己和亲属打算'是当今的风气。在北京，一切都像过去那样一团糟。"熙礼尔在同月的来信中说："这个国家在财政压力和公众迫切要求改革的压力下，正面临一场非常严重的危机。在每一项可以设想出来的计划上，把钱像流水一样挥霍，但是，税收却没有相应增加，不知道节约开支，各种弊端并未真正得到纠正。贪污、挪用公款、受贿、卖官鬻爵依然如故，白拿薪俸的闲职人员及候补道台的队伍有增无减，由于这些原因，政府在偿还外债时，当然倍觉困难。人们不会长期忍受下去。”岑春煊在与慈禧独对时也曾大胆陈言：“创行新政，先须筹款，今日加税，明日加厘，小民苦于搜括，怨声载道，倘果真刷新政治，得财用于公家，百姓出钱，尚可原谅一二。现在不惟不能刷新，反较以前更加腐败。从前卖官鬻爵尚是小的。现在内而侍郎，外而督抚，皆可用钱买得，丑声四播，政以贿成。此臣所以说改良是假的。”这样的事例可以说俯拾皆是，尽管今天有人把那时看成仿佛充满光明和希望的年代。当事人的切身感受，同一些后人的想象之间，竟可以有如此大的差距，究竟哪一个更符合客观实际呢？

革命实在是不可避免的。孙中山在 1904 年写道：“满清王朝可以比作一座即将倒塌的房屋，整个结构已从根本上彻底地腐朽了，难道有人只要用几根小柱子斜撑住外墙就能够使那座房屋免于倾倒吗？”孙中山的观察是深刻的，他的看法是中肯的。

五、清朝统治集团的覆灭

清朝统治集团的覆灭是不可避免的。

四川保路运动、武昌起义及各省响应、袁世凯重新出山，这些具体过程就不多说了，还是说说清朝统治集团当时的状况吧。

作为宣统皇帝的溥仪这样描写武昌起义前夕清朝集团的状况："以当时的亲贵内阁来说，就分成庆亲王奕劻等人的一伙和公爵载泽等人的一伙。给我父亲（引注：即监国摄政王载沣）出谋划策以及要权力地位的，主要是后面这一伙。无论是哪一伙，都有一群宗室觉罗、八旗世家、汉族大臣、南北谋士；这些人之间又都互有分歧，各有打算。比如载字辈的泽公，一心一意想把堂叔庆王的总揆夺过来，而醇王府的兄弟们首先所瞩目的，则是袁世凯等汉人的军权。就是向英国学海军的兄弟和向德国学陆军的兄弟，所好也各有不同。摄政王处于各伙人勾心斗角之间，一会儿听这边的话，一会儿又信另一边的主意，一会儿对两边全说'好，好'，过一会又全办不了。弄得各伙人都不满意他。"

溥仪又说："如果摄政王支持了载泽，或者摄政王自己采取了和奕劻相对立的态度，奕劻只要称老辞职，躲在家里不出来，摄政王立刻就慌了手脚。所以在泽公和庆公间的争吵，失败的总是载泽。醇王府的人经常可以听见他和摄政王嚷：'老大哥这是为你打算，再不听我老大哥的，老庆就把大清断送啦！'摄政王总是半晌不出声，最后说了一句：'好，好，明儿跟老庆再说……'到第二天，还是老样子：

奕劻照他自己的主意去办事，载泽又算白费一次力气。”这真是王朝末日的一派肃杀气象，哪里谈得上稳步地、有秩序地进行改革。要说让它这样继续下去就可以使中国更快更好地实现现代化，岂不是海外奇谈！

武昌起义是遍及中国的全面危机的产物。局势发展之快速，规模之广泛，声势之猛烈，是惊人的。短短一个多月内，便得到全国将近 2/3 省份的响应，长江以南各省已全部宣告独立。它是民众长期郁积的对祖国前途焦虑和对清朝政府强烈不满的大爆发。独立各省的清朝督抚绝大多数没有抵抗便纷纷逃匿，有的还当了独立后的都督。清朝统治迅速陷于土崩瓦解之中。早在武昌起义爆发前的 11 天，总理大臣庆王便“因老辞职”，载沣则一再慰留。10 月 12 日，也就是起义后第三天，内阁协理大臣那桐在日记中写道：“早进西苑，午初散值。接到各处来电，知武昌新军变乱，踞城戕官，鄂督避往汉口，提督张彪被害（引注：此信不确）。当访菊人（引注：即徐世昌），电约盛宫保、朗贝勒、荫大臣、寿、谭、邹、胡、曹各堂谈湖北事，酉正归。”讨论如此大事，奕劻似仍不参加。当天，命陆军大臣荫昌统陆军两镇，海军提督萨镇冰统军舰，往援武汉。但北洋陆军历来“只知有袁宫保，不知有大清朝”，荫昌哪里指挥得动？14 日，清廷只得宣布以袁世凯为湖广总督、岑春煊为四川总督，督办剿抚事宜。而此时的袁世凯又怎会为亲贵统治集团去做火中取栗的事？于是，继续称病不出。有一种说法称，20 日，“徐世昌奉奕劻之命，自北京微服到彰德晤袁世凯（袁要求开国会，组织责任内阁，宽容武昌事变人员，解除党禁，总揽兵权，宽于兵费）”。其中最重要的是组织责任内阁和总揽兵权这两条。但徐世昌日记，当天和前后几天仍照例入直，所谓微服抵彰德一说应不确。值得注意的是，徐日记自 17 日起连续多日记有“夜来客”，“会客至晚，留客饭，又久谈”，“会客至晚，留客饭，又与客谈公事”等，但不提客的姓名，这在他的日记中是反常的。袁世凯知道清廷不会痛快地接受这些条件。他的办法是：“暗中指使北洋军将领屯兵不进，不受荫昌的节制调遣，使清政府无可用之兵，最后不得不乖乖地钻进他的圈套来。”

清朝统治集团已经丧尽民心，没有多少人还对它抱有希望。莫理循在 10 月 7 日的信中说：“我遇到的任何人，不论是中国人还是中国人的外籍同事，都私下告诉我他们希望革命成功。我的一个朋友同刚刚通过北京归国留学生考试的十二位毕业生聚餐，他们是从英国、美国、日本回来的留学生，大家为革命的成功祝酒。”他在 27 日的信中说：“我在这里所遇到的每一个人都赞同革命。甚至比较开明的低级满族官吏也反对他们的政府。”

清廷一筹莫展，不得不在 11 月 1 日解散皇族内阁，任命袁世凯为内阁总理大臣。袁 13 日抵京后，在 16 日组成内阁。22 日，袁世凯向载沣提出要求：停止每日入对；除由内阁国务大臣具奏外，其余各衙门应奏事件均暂停止；所有从前应请旨事件，均咨行内阁接办；凡无须必请上裁事件，均以阁令行之。那桐在第二天日记中记道："今日起不逐日召见内阁总理大臣，实行阁制也。"此前，内阁依然像军机处那样每日入直。可见袁内阁在性质上和奕劻任内阁总理大臣时显然不同，改变了原有的制度，行政权力已转移到它的手中，隆裕和监国摄政王都被架空。12 月 6 日，徐世昌日记记道："本日奉隆裕太后懿旨允监国摄政王自请退归藩邸，责成内阁总理大臣及国务大臣担任国事。"溥仪在《我的前半生》中写道："我的弟弟曾听母亲说过，辛亥那年父亲辞了摄政王位，从宫里一回来便对母亲说：'从今天起我可以回家抱孩子了。'母亲被他那副轻松神气气得痛哭了一场。"

这样一系列重大变更在如此短的时间内完成，表明清朝统治集团已瘫痪无力到何等程度，有如一座纸房子被风轻轻一吹就倒塌了。对袁世凯来说，剩下的事就是逼清室退位，以此换取南方承认他为中华民国临时大总统。溥仪根据恭亲王溥伟的日记等写到，隆裕在皇族亲贵参加的御前会议上叹着气说："我何尝要共和，都是奕劻跟袁世凯说的，革命党太厉害，咱没枪炮没军饷，打不了这个仗。"她又问载涛："载涛你管陆军，你知道咱们的兵怎么样？"载涛硬着头说："奴才练过兵，没打过仗，不知道。"隆裕不做声了，停了一会儿才说一句："你们先下去吧。"一筹莫展的清廷，已完全被袁世凯玩弄于股掌中，只能听任摆布了。

原军机处章京（后改为承宣厅行走）许宝蘅的日记中有许多生动的记录。12 月 7 日："项城（引注：指袁世凯）入对于养心殿，奉太后谕：'余一切不能深知，以后专任于尔。'"28 日："本日，皇太后御养心殿，先召见庆王等，旋召见总理大臣及各国务大臣，皇太后谕：'顷见庆王等，他们都说没有主意，要问你们，我全交与你们办，我自然感激，即使办不好，我亦不怨你们。皇上现在年纪小，将来大了也必不怨你们，都是我的主意。'言至此，痛哭，诸大臣亦哭。"1912 年 1 月 2 日："总理（引注：指袁世凯）入对，太后谕：'我现在已退让到极步，唐绍仪并不能办事。'总理对：'唐已有电来辞代表。'太后谕：'现在宫中搜罗得黄金八万两，你可领去用，时势危急若此，你不能只挤对我，奕劻等平时所得的钱也不少，应该拿出来用。'总理对：'奕劻出银十五万。'太后谕：'十五万何济事，你不必顾忌，尽可向他们要。'奏对一钟余方出。"2 月 2 日："今日国务大臣又入对，商酌优礼皇室条件，闻太后甚为满意，亲贵亦认可。总理已电伍廷芳。"2 月 12 日："三时到厅，知辞位之谕旨已下。二百六十八年之国祚遂尔旁移，一变中国有史以来未有之局。古语云：'得之多者，失之亦不难。'岂不信哉！"许宝蘅当年记录的这些情节十分生动，读起来令人有身临其境的感觉。统治中国 268 年的清王朝覆灭了。这个统治集团已经腐烂得无药可救。当历史走到这一步时，它的覆灭是必然的，谁也挽救不了。

从辛亥革命到
中国共产党的诞生

金冲及

中共党史和中国近现代史研究专家，中国史学会原会长，主编《毛泽东传》《周恩来传》《刘少奇传》《朱德传》《陈云传》等。

革命从来不会无缘无故地发生。要千百万人不惜抛头颅洒热血，拼命作出巨大的牺牲来，更不是哪个人或者少数人的鼓吹就能发生的，它有着深刻的社会原因。

辛亥革命在政治上把原有的反动统治秩序打乱了。中国封建社会本来有个头，那就是皇帝。它是大权独揽的绝对权威，是反动统治秩序保持稳定的重心所在。几千年来都是如此，辛亥革命突然把这个头砍掉了，整个反动统治秩序就乱了套。

人类历史从总体来说是不断向前发展进步的，而且会不断赋予它以新的内容。这种变化并不是直线式的，在中间会有迟缓以至曲折，但这种总趋势是改变不了的，当条件具备时甚至会令人吃惊地加速表现出来。

2021年10月9日，纪念辛亥革命110周年大会在北京人民大会堂隆重举行，习近平总书记出席大会并发表重要讲话。总书记指出："110年前，以孙中山先生为代表的革命党人发动了震惊世界的辛亥革命，推翻了清朝政府，结束了在中国延续几千年的君主专制制度，近代以来中国发生的深刻社会变革由此拉开了序幕。"

2021年是辛亥革命110周年，也是中国共产党成立100周年。从辛亥革命拉开中国社会变革的序幕到中国共产党诞生，相隔只有9年多，在如此短促的时间内，中国革命的形势却发生了翻天覆地的根本性变化。

怎样看待和理解中华民族伟大复兴进程中这段有着重要意义而不容忽视的历史？

亲身经历过这场历史演变的毛泽东同志在《如何研究中共党史》的讲话中，把这个问题的重要性讲得很清楚。他说，"说到革命的准备，一九二一年开始的第一个阶段，实际上是由辛亥革命、五四运动准备的"，"所以严格地讲，我们研究党史，只从一九二一年起还不能完全说明问题，恐怕要有前面这部分的材料说明共产党的前身”。“不说明以前的辛亥革命、五四运动，对于共产党的成立和以后的历史，也就不能说得清楚。”

这是以历史唯物主义观点来考察有关中国共产党历史而作出的重要判断。

一、辛亥革命为什么会发生

辛亥革命为中国共产党的成立做了哪些“准备”，为什么把它称为中国共产党成立的“前身”？

讨论辛亥革命为什么会发生，首先需要剖析当时国内国际的情形。

鸦片战争以后，中国的领土完整和国家主权开始遭受西方列强的恣意破坏，走上了半殖民地半封建社会的悲惨道路，国家的命运不再掌握在中国人自己手里，而是任人摆布。创造过灿烂古代文明的中华民族遭人贱视，甚至被呼为“劣等民族”。这不能不使每一个有爱国心的中国人感受到极大的痛苦。

1894 年中日甲午战争期间，革命先驱孙中山在檀香山成立革命团体兴中会，大声疾呼“亟拯斯民于水火，切扶大厦之将倾”，并在《兴中会章程中》第一次响亮地喊出“振兴中华”的口号。

甲午战争的失败，使中国面对的民族危机急遽恶化。当年还在四川家乡求学的吴玉章回忆道："我还记得甲午战败的消息传到我家乡的时候，我和我的二哥（吴永锟）曾经痛哭不止。""我对当时国家危亡的大势是了解的，我正在为祖国的前途而忧心如焚。甲午战争的失败，更激发了我的救国热忱，我需要找寻一条救亡图存的道路。"

西方列强纷纷在中国争夺并划分势力范围，外国报刊公开议论如何对中国进行"瓜分"。当历史刚刚进入20世纪，西方列强组成的八国联军武装占领了中国首都北京。世界上所有资本主义强国联合起来，向一个落后国家发起军事进攻，这是历史上从来不曾有过的事情。他们在北京实行分区管制，任意屠杀劫掠，为所欲为，中国人家家户户还要悬挂他们的旗帜。这是多么大的灾难和耻辱，不能不深深地刺痛中国人的心。

当时统治着中国的清王朝是一个专制的、卖国的、极端腐败的、扼杀中国的生机因而深受人民痛恨的政权。八国联军侵华和《辛丑条约》签订后，它更是一味媚外，对列强俯首听命。独揽大权的慈禧太后甚至说出要"量中华之物力，结与国之欢心"那样的话来。再也不可能指望依靠它来外抗强敌、实现自强了。

辛亥革命时期的著名烈士陈天华，怀着炽热的激情，在他流传很广的名作《猛回头》中写道："列位！你知道现在的朝廷，仍是满洲的吗？多久是洋人的了。列位！若还不信，请看近来朝廷所做的事，哪一件不是奉洋人的号令？”“朝廷固然是不可违拒，难道说这洋人的朝廷，也不该违拒么？”“洋人的朝廷”这个根本性的问题被陈天华一语道破，在爱国人士中间立刻激起巨大反响，形成一种新的觉悟。

就在同一年，刚从日本归国的18岁留学生邹容，写出了他的著作《革命军》。一打开这本书，劈头就可以读到邹容热情洋溢的赞颂：“有起死回生、还命反魄、出十八层地狱、升三十三天堂、郁郁勃勃、莽莽苍苍、至尊极高、独一无二、伟人绝伦之一目的，曰革命。巍巍哉，革命也。皇皇哉，革命也。吾于是沿万里长城，登昆仑，游扬子江上下，溯黄河，竖独立之旗，撞自由之钟，呼天吁地，破颡裂喉，以鸣于我同胞前曰：呜呼，我中国今日不可不革命。”他以充满青年人激情而又明白晓畅的语言，阐述他的主张和理由。鲁迅回忆道：“倘说影响，则别的千言万语，大概都抵不过浅近直截的革命军马前卒邹容所作的《革命军》。”

革命从来不会无缘无故地发生。要千百万人不惜抛头颅洒热血，拼命作出巨大的牺牲来，更不是哪个人或者少数人的鼓吹就能发生的，它有着深刻的社会原因。中华民族已经面对一个极其严峻的局势：只有进行一场革命，改变旧有的社会和政治制度，才能避免沦为西方列强殖民地的悲惨命运。辛亥革命，是中国人民对帝国主义疯狂侵略和清王朝反动统治长期郁积的焦灼和愤怒的大爆发。离开这个根本点，对中国当年的事实，对辛亥革命为什么发生，便不能正确地了解。

回顾100多年前，为了民族的生存和人民的命运，这些先人们在极端困难的条件下，奋不顾身地顽强奋斗，把中国的历史向前推进了一大步，这不得不使后人肃然起敬。今天在天安门广场上屹立的人民英雄纪念碑上镌刻着辛亥革命时期的英雄形象，这是十分自然的事情。

二、辛亥革命的成功和失败

辛亥革命是成功了还是失败了？不能简单地绝对地说它的一个方面，而忽略它的另一方面。正如毛泽东同志在《如何研究中共党史》中所说："辛亥革命有它的胜利，它打倒了直接依赖帝国主义的清朝皇帝。但后来失败了，没有巩固它的胜利，封建势力代替了革命，袁世凯代替了孙中山。"如果只看到它的一个方面而看不到它的另一方面，就是片面的、不符合客观实际的。

先来谈谈它胜利的方面、成功的方面，值得我们隆重纪念的方面。曾经亲身参加孙中山领导的中国同盟会的林伯渠，在纪念辛亥革命30周年时写道："对于许多未经过帝王之治的青年，辛亥革命的政治意义是常被低估的，这并不足怪，因为他们没有看到推翻几千年因袭下来的专制政体是多么不易的一件事，同时中华民国的诞生也没有带给他们真正的民主。”

中国共产党对辛亥革命的历史意义作了很高的评价。习近平总书记在纪念辛亥革命110周年大会上的重要讲话中指出：“1911年10月10日，武昌城头枪声一响，拉开了中国完全意义上的近代民族民主革命的序幕。辛亥革命极大促进了中华民族的思想解放，传播了民主共和的理念，打开了中国进步潮流的闸门，撼动了反动统治秩序的根基，在中华大地上建立起亚洲第一个共和制国家，以巨大的震撼力和深刻的影响力推动了中国社会变革，为实现中华民族伟大复兴探索了道路。”这是一个鲜明而中肯的评论。

具体地说，它的成果至少有以下几点：

第一，辛亥革命在政治上把原有的反动统治秩序打乱了。中国封建社会本来有个头，那就是皇帝。它是大权独揽的绝对权威，是反动统治秩序保持稳定的重心所在。几千年来都是如此，辛亥革命突然把这个头砍掉了，整个反动统治秩序就乱了套。袁世凯的洪宪皇帝梦，不过百日便破灭流产。张勋扶溥仪复辟，倒得更快。从北洋军阀到南京政府，像是走马灯似的一个接着一个登场，都始终建立不起一个统一的稳定的统治秩序来。这自然便于人民革命斗争的兴起和发展。

第二，辛亥革命把历来被奉若神明的君主专制制度一举推翻，建立起共和政体。中国这种政体建立后，制定了一部具有资产阶级宪法性质的《中华民国临时约法》。这部法律第二条规定：“中华民国之主权属于国民全体。”尽管“民国”只是一块招牌，国家主权并不真正“属于国民全体”，但有这块招牌和没有这块招牌还是有区别的，人们开始认为自己应该是国家的主人了。只要比较一下，甲午战败后的“公车上书”只是100多个举人要通过都察院把他们变法维新的意见转呈皇上，还没有被递上去；而巴黎和会时为了山东问题发生了席卷全国的群众性五四爱国运动。相隔仅仅二十几年就有这样巨大的变化，也许可以说：没有辛亥革命，不大可能在这时出现如此规模的群众运动。也曾参加中国同盟会的董必武写道：“民主运动已自辛亥革命开辟途径，不管途中有何阻碍，它必要达到目的，才会停止。”

第三，辛亥革命也使中国人在思想上得到一次大解放。皇帝以前被称作“奉天承运”的“天子”。人们从小就被灌输“天地君亲师”的观念，仿佛它是至高无上、神圣不可侵犯的。打倒皇帝，一般人是想也不敢想的。如今，连皇帝都可以打倒，那还有什么陈腐的东西、不合理的东西，不可以怀疑、不能够打倒呢？亲身参加辛亥革命的陈独秀在五四运动的前一年写了一篇《偶像破坏论》，说：“其实君主也是一种偶像，他本身并没有什么神圣出奇的作用；全靠众人迷信他，尊崇他，才能够号令全国，称做元首，一旦亡了国，像此时清朝皇帝溥仪，俄罗斯皇帝尼古拉斯二世，比寻常人还要可怜。这等亡国的君主，好像一座泥塑木雕的偶像抛在粪缸里，看他到底有什么神奇出众的地方呢！”这种破除迷信的思想一旦深入人心，对不久后的五四运动以至中国共产党的诞生都起着摧陷廓清的作用。

前人的业绩，是后人不容遗忘的。

全国的革命形势发展得极为迅猛。这是极端深重的民族危机和社会危机的必然产物。武昌起义枪声一响，革命烽火迅速传遍全国，统治中国200多年的清朝政府在熊熊烈火中轰然倒塌，新生的共和国在一片欢呼声中诞生。

可是，透过表面上一派热烈景象，不难看到在它背后存在着严重危机。革命刚刚取得第一步的胜利，革命营垒内部立刻出现一派分崩离析的混乱景象。以富有反动政治经验的袁世凯为代表的旧社会势力，在形式上做了一点化装打扮后，以逼迫清皇帝退位为交换条件，建立起北洋军阀的统治，控制住局面，然后反扑过来，使革命党人遭受惨重的失败。

亲身经历过这段令人痛心岁月的毛泽东同志在《论人民民主专政》中回忆道：“多次奋斗，包括辛亥革命那样全国规模的运动，都失败了。国家的情况一天一天坏，环境迫使人们活不下去。怀疑产生了，增长了，发展了。”

为什么辛亥革命不能巩固它的胜利反而陷于失败？从当时的先进分子方面来看，存在着三个根本的弱点：

一是没有科学理论的指导。对中国的社会情况和各种社会力量没有正确的了解和分析，也没有明确地提出反对帝国主义和封建势力的主张。很多人把革命的目标几乎全集中在反对清王室上，认为“清室退位即天下事大定”。因此，当清王室一宣布退位，民国的招牌挂了起来，许多人便认为革命已经成功，不需要再从事什么革命工作而陷于四分五裂或相互倾轧的争斗中。甚至认为只要袁世凯能逼迫清王室退位，就可以让他来当民国总统。等到袁世凯站稳了脚跟，控制住局面，立刻翻过脸来，对原革命党人进行镇压，革命便失败了。

二是缺乏深厚的群众基础。革命党人在辛亥革命期间也在一定程度上做了发动群众的工作，主要是在青年知识分子、会党、新军、华侨中做了一定的宣传工作和组织工作。他们中的不少人为革命献出了自己的生命，博得广泛的同情。因而，在武昌首义之后，革命得到各省响应，取得重大成功。但是，他们没有依靠并发动占中国人口绝大多数的下层劳动群众，首先是工人和农民同他们相脱离了。这样，革命党人便缺乏深厚的群众基础，在帝国主义和军阀势力面前显得软弱无力，当反动势力站稳了脚跟，反扑过来，他们没有力量抵抗，从而走向妥协或失败。

三是缺乏核心领导力量。当时革命党人成员复杂、组织松散，没有形成一个由有着共同理想和严格纪律约束而组成的坚强核心力量，来带领人们前进，遇事难以始终同心协力，甚至互相争斗，更谈不上有正确有力的战略指导和统一行动，甚至不断发生自身内部的纠纷和争夺。当时就有“革命军兴，革命党消”的说法。在具有较丰富反动政治经验的旧社会势力有计划地集中力量进攻下，革命便四分五裂，很快归于失败。

结果，令人惊心动魄的革命高潮只是一时的，革命中产生的政权又落到反动势力手里，人民依然生活在他们的统治下，革命并没有成功。

失败令人悲痛，但失败的教训也可以鼓舞人前进。林伯渠在纪念辛亥革命 30 周年时还写道：“辛亥革命前觉得只要把帝制推翻便可以天下太平，革命以后经过多少挫折，自己所追求的民主还是那样的遥远，于是慢慢的从痛苦经验中，发现了此路不通，终于走上了共产主义的道路。这不仅是一个人的经验，在革命队伍里是不缺少这样的人的。”董必武也说：“辛亥革命虽然没有取得真正的胜利，但它提供了十分可贵的经验，使得中国人民有可能进一步找到彻底解放的正确道路。”

林伯渠、董必武两位都曾是孙中山领导的中国同盟会会员、亲身经历这一段历史的共产党人，他们的这些肺腑之言是值得后人深思的。

三、迎来中国共产党的诞生

人类历史从总体来说是不断向前发展进步的，而且会不断赋予它以新的内容。这种变化并不是直线式的，在中间会有迟缓以至曲折，但这种总趋势是改变不了的，当条件具备时甚至会令人吃惊地加速表现出来。

从辛亥革命到中国共产党诞生相隔不满十年，为什么在这样短的时间内发生如此惊天动地的变化？同样需要剖析这段时间里国际国内的情形，否则也不能明白它的缘由。

先说国际范围的变化。在这不到十年的时间内，世界舞台上发生了两件震动全球的大事：一件是爆发了以往从来没有过的第一次世界大战，给人类带来巨大的灾难。原来被视为西方文明中心的西欧，无论英国、法国、德国，留下的都是遍地疮痍。直接死于战争的军人达 900 万人，平民因各种原因死亡的更是不计其数。战争期间，大量的房屋、铁路、桥梁、工厂被摧毁，西方许多人津津乐道的“天赋人权”在哪里？原来被描绘得像人间天堂的西方社会顿时失去了很多人心目中原有的光彩，不再把它看作向往的美好榜样。另一件更重要的是战争后期在俄罗斯爆发了列宁领导的十月社会主义革命，以往遭人轻视的工农兵成为国家的主人，社会主义从理论变为活生生的事实，它在中国的先进分子面前展现了一种全新的现实的榜样。

整个国际形势发生的巨大而深刻的变化，当然极为重要，但它仍是外因。国际范围内的变化，是放在世界各国或各处面前共同的事物，但它在各国或各处引起的反应却很不相同甚至截然相反，这是因为它们的内部状况各有不同。中国发生这样翻天覆地的变化，从根本上考察，还是中国社会内部情况自身发展变化的结果。

中华民族是一个勤劳、智慧、富于革命传统的民族，曾经创造出灿烂的古代文明，对人类社会作出过重大贡献，但在近代却大大落后了。先进的中国人从来不甘心这种悲惨的处境，前仆后继地探求民族复兴的道路。辛亥革命作为一次全国规模的政治运动虽然失败了，但烈士的鲜血没有白流，它给人们在政治上和思想上带来的巨大影响没有消除。事实上，辛亥革命之后，在这场革命中接受洗礼的中国人民和中国先进分子继续探寻着救国救民道路。但新的路子在哪里？人们一时并没有立刻找到答案，陷于巨大的失落和苦闷中。

中国的现状得不到改善，国家的处境反而一天天坏下去。日本强迫中国接受“二十一条”，巴黎和会把德国在山东强占的权利强行转交给日本，国内许多旧社会势力沉渣泛起。中国上空又满布着黑暗的阴云。这一切，迫使许多爱国者不得不严肃地重新思考国家社会的许多根本问题，寻求新的未来。

五四前夜的初期新文化运动，是从对辛亥革命缺陷的反思开始的，它在中国思想界起到了巨大的启蒙作用。它最初追求的目标是“个性解放”，这还没有跳出西方思想界的窠臼，随后就逐步发展到对社会改造的探索。的确，如果旧有的社会制度没有根本改变，对绝大多数人，尤其是广大劳动人民就没有什么“个性解放”可言。这在中国思想界是一个根本性的飞跃。

五四爱国运动有一个鲜明的特点：那是一个中国历史上从未有过的爱国群众运动。吴玉章在《回忆“五四”前后我的思想转变》中对这次运动写道，“这是真正激动人心的一页，这是真正伟大的历史转折点。从前我们搞革命虽然也看到过一些群众运动的场面，但是从来没有看到过这种席卷全国的雄壮浩大的声势。在群众运动的冲击震荡下，整个中国从沉睡中复苏了，开始焕发出青春的活力”，“在人民群众中所蕴藏的力量一旦得到解放，那才真正是惊天动地、无坚不摧的”。“当时我的感觉是：革命有希望，中国不会亡，要改变过去革命的办法。虽然，这时候我对中国革命还不可能立即得出一个系统的完整的新见解，但是通过十月革命和五四运动的教育，必须依靠下层人民，必须走俄国人的道路，这种思想在我头脑中日益强烈、日益明确了。”这不仅是吴玉章一个人的思想经历，也是当时中国许多先进分子的共同思想经历。

因此，说五四运动为中国共产党的成立做了思想上和干部上的准备，这是铁的事实。

毛泽东同志把中国共产党的诞生称为“开天辟地的大事变”。习近平总书记也强调了这个判断。我的理解，“开天辟地”至少包含两层意思：第一，它由此开辟了一个以往从未有过的新天地；第二，既称为开辟新天地，那就不是局部性或一时性的变化，而是具有总体性、根本性和长期性意义的大变化。

只有中国共产党的诞生，才在中国破天荒第一次出现了有着科学理论——马克思主义为指导的、能够发动并依靠最广大民众（特别是占中国人口绝大多数下层工农群众）齐心奋斗，并且形成由民众中有着共同理想和严格纪律的先进分子为核心所组成的政治力量。如果没有这样一个坚强有力的政党来领导，要在中国这样幅员广阔、情况复杂的国家实现民族复兴和人民幸福，是根本不可能的。

如果把这里说到的三个条件同前面所说导致辛亥革命失败的三个重大缺陷比较一下，就会发现中国共产党正是在吸取辛亥革命失败教训并加以克服和改变的基础上跨出全新步伐的。正如习近平总书记指出的：“辛亥革命110年来的历史启示我们，实现中华民族伟大复兴，必须有领导中国人民前进的坚强力量，这个坚强力量就是中国共产党。”

中国共产党内年长的老一辈党员，如董必武、林伯渠、吴玉章、朱德等都是辛亥革命时期的中国同盟会会员；对创立中国共产党作出巨大贡献的陈独秀在辛亥革命时是重要革命团体岳王会的领导人，并担任独立后的安徽省都督府秘书长；年轻些的毛泽东、周恩来、刘少奇等也受到辛亥革命的很大影响，毛泽东在湖南起义后投身起义新军，当了 4 个月的列兵。他们都是从辛亥革命中打开眼界，提高了对救国和民主的认识，以后又看到辛亥革命的严重弱点，继续向前探索前进，成为共产党人和中国共产党的领导者的。

路总是一步一步走的，这就是历史。后人总是以前人已经达到的位置作为出发点，再向前继续前进，又大大超越前人。但前人的历史功绩不容遗忘，因为没有昨天，就不会有今天和明天。

建立良好的历史观

韩毓海

人文学者，北京大学习近平新时代中国特色社会主义思想研究院副院长，北京大学中国语言文学系教授，博士生导师。

两千多年来，中国用的是同一种文字的变体，中华文明发展的是一脉相承的哲学和思想体系，正是这种独一无二的历史连续性，造成了一种强烈的自我意识或曰“中国意识”。

每一个历史时期都有其要面对、克服的急迫问题。制度不是抽象的，而只有能解决现实问题的制度才是好的制度。我们研究历史，必须从这种历史大势出发，首先认识到，是“天下大乱”导致了“天下大治”，要治理天下大乱，那就要分析乱源在内还是在外，是外患导致内乱，还是内乱导致了外患，如果仅仅是内乱，那就要看乱源究竟是在上层还是在下层。

一

中国历史是世界上唯一具有连续性的历史，中华文明是世界上唯一具有连续性的文明。说到“唯一性”，这就是我们的唯一性；说到“特色”，这个特色是别人所没有的。

对于这一点，但凡有见识的外国人，实际上都是承认的。

马克思曾经说过，“印度社会根本没有历史，至少是没有为人所知的历史。我们通常所说的它的历史，不过是一个接着一个的入侵者的历史，他们就在这个一无抵抗、二无变化的社会的消极基础上建立了他们的帝国”，“相继侵入印度的阿拉伯人、土耳其人、鞑靼人和莫卧儿人”，使印度历史呈现为彼此不搭界、零碎的拼贴。对印度而言，伊斯兰信徒占领它，它就伊斯兰化；蒙古人占领它，它就蒙古化；英国人占领它，它的官方语言就变成了英文。

两千多年来，中东地区可谓是“文明的摇篮”，但是这里的情况与印度差不多。中东地区先后经历了希腊化、伊斯兰化、蒙古化乃至突厥化，而结果就是“马赛克化”。这里的历史和文明，与印度一样，都是断裂的。

伯纳德·路易斯是当今世界上研究中东问题最权威的学者，他的《中东两千年》是本好书，其中这样对比说：两千多年来，中国用的是同一种文字的变体，中华文明发展的是一脉相承的哲学和思想体系，正是这种独一无二的历史连续性，造成了一种强烈的自我意识或曰“中国意识”；而与“中国”相比，“中东”则不过是个非常模糊的地理概念，而不是文明和历史的概念，这种模糊的概念折射出这里的人对“自己是谁”这个根本问题在认识上其实很不清楚。

东京外国语大学教授冈田英弘是研究阿尔泰语词根的权威。二十几岁的时候，他就因为考订“满文老档”一举成名。晚年，他有过一个著名论断：中华文明与地中海文明乃是世界上两个具有连续性的文明，换言之，这两个文明是世界上“有历史的文明”，而其他国家的历史都是在对抗这两种文明的过程中产生的。他更举例说，唐初，由于中国控制了朝鲜半岛，为对抗中国，日本才产生了天皇制度，才产生了日本历史意识。日本的天皇制度就产生于唐代初期，天皇全加起来也不过三十几代。说日本自盘古开天地就有了天皇，天皇“万世一系”，这只能当神话传说，姑妄听之，而并不是事实。

在我看来，冈田英弘认为中华文明有连续性，这当然很对，但是，他说地中海文明也有连续性，这话就不太对。

西罗马帝国灭亡后，欧洲其实已经换了主人。至于希腊文明得以保存、延续，一靠东罗马帝国（拜占庭），二靠伊斯兰文明。唐宋之交，因为阿拔斯王朝的麦蒙哈里发对各种知识大感兴趣，他在巴格达开“智慧馆”，大搞翻译运动，经长期艰苦努力，这才把希腊经典由希腊文转译为叙利亚文，再由叙利亚文转译为阿拉伯文。

希腊文明之精华，并非产生于希腊本土，而是主要产生于爱琴海东岸的小亚细亚，特别是安纳托利亚地区，伊斯兰逊尼派的塞尔柱突厥人从十字军手里夺取安纳托利亚大部后，建立奥斯曼苏丹帝国，奥斯曼帝国征服西班牙之后，这些以阿拉伯文保存下来的希腊经典又从托斯卡纳地区的文字转译为拉丁文。上述这场伊斯兰主导的翻译运动，前后加起来有 300 年以上。这场浩大的“跨语际翻译实践”运动，是伊斯兰文明对于古希腊文明的重新发现、发展并体系化，其中有多少加工、多少创造性发挥，可谓是数不胜数，而如果没有这场阿拉伯—伊斯兰翻译运动，当然也就不可能有什么西方的“文艺复兴”运动了。

卢梭在《论科学与艺术的复兴是否有助于使风俗日趋纯朴》一文中说，西方的文艺复兴，它“复兴”的其实并不是希腊文化，而是阿拉伯—伊斯兰文化，因为在希腊、罗马之间夹着一场阿拉伯—伊斯兰文明大规模“跨语际翻译实践”

运动。而倘若没有阿拉伯—伊斯兰文化的输入，西方人也就永远看不到柏拉图、亚里士多德、修昔底德和希波克拉底究竟写了些什么，甚至就永远也不知道“希腊”究竟是何物。所以，西方文明绝非一脉相承。如果有继承，文艺复兴继承的其实就是阿拉伯—伊斯兰翻译运动的成果。卢梭以“说真话”著称，而上述发现就是他说的最大的“真话”之一。这篇论文使他获得了勃艮第公国征文的一等奖，卢梭横空出世，也就是因为这篇“惊世骇俗”的文章。

西方文明的兴起不过是1500年左右发生的事情，这个文明的基本价值观就是赢者通吃，零和博弈，随着西方文明的兴起而发生的，乃是东罗马拜占庭帝国的灭亡、伊斯兰文明的衰落、钦查—伊斯兰埃及的陷落和美洲的被殖民。500年来，西方文明带给人类的就是这样一个零和博弈的世界，近代西方资本主义文明的兴起，伴随着血与火的帝国主义、殖民主义战争与掠夺，诸如技术进步、工业革命、贸易扩张、资本的发达，这些不过都是手段。在这个过程中，一切古老的文明——阿拉伯、埃及、印度、美洲，都先后沦为了西方的殖民地，在零和博弈价值观占支配地位的世界上，任何形式的人类命运共同体都没有存在的余地。

500年来，在全世界的文明中，只有中华文明最终以人民战争和人民大革命的方式，克服和度过了现代大劫难，在这个世界上，能够“以牙还牙，以眼还眼”击溃了西方之暴力，击溃了西方帝国主义和殖民主义的古老文明，只有中华文明。“中国人民站起来了”，这首先靠的是打赢，打不赢，说什么也没有用。

任何古老文明都不可能以殖民地的方式得以真正延续，因此，说中华文明不如埃及、两河文明悠久，这句话其实意义不大。据说埃及的卢克索文明可以上溯到公元前 5000 年，但具体有什么站得住脚的根据，这究竟是不是夸大，其实谁也说不清。事实上，古埃及、古巴比伦、古波斯的文字早就“死”了，今天只有极少数研究者能够认识。但是，中华文明就不同了，就连续性这一点来说，其在全世界是唯一的，而不是“之一”，中国历史的连续性，放在世界上说，那是“硬碰硬”，独一份。

如果没有中国革命战争的胜利，中华文明的延续性就谈不上，离开了中国共产党的胜利，我们就没有资格谈什么“从孔夫子到孙中山”。

毛泽东说，“学习历史主要是学习近现代史，否则，一亿年后怎么办”。

二

有人说，研究历史需要用马克思主义方法，这句话当然很不错，但关键在于什么是“马克思主义方法”。于是，他们又说，马克思主义方法就是：生产力是推动历史发展的决定性的、唯一的因素。但是，这种说法其实是斯大林的发明，此一发明见诸《苏联社会主义经济问题》这本小册子。自斯大林开了这个“好头”，这种说法就在我们高校里讲马克思列宁主义、讲经济的某些同志中大为流行。因此，我常说，你别看这两部分同志平时似乎谁也看不起谁，但如果追根溯源，如果用“马克思主义手电筒”去照一照，就会知道，他们在根子上其实同出一门，都是斯大林的忠实信徒。

毛泽东有句名言，见诸《在省市自治区党委书记会议上的讲话》：“斯大林有许多形而上学，并且教会许多人搞形而上学。”斯大林说的，不等于就是马克思和恩格斯说的，更不能因为马克思和恩格斯去世了，我们就替他们擅作主张，“李杜文章在，光芒万丈长”，马克思、恩格斯也是如此——马克思、恩格斯固然不在了，但他们的文章毕竟还在那里发光发热。

马克思和恩格斯在二十几岁的时候，撰写了《德意志意识形态》一文，这标志着马克思主义的诞生。该文的核心观点是：不同的历史条件造就不同的社会意识，更具体地说是——生产力与生产关系之间，经济基础与上层建筑之间互相制约、互相矛盾的运动，构成了不同的社会意识形态。

马克思和恩格斯什么时候说过“生产力是推动历史发展的动力”这句话？我记得，恩格斯是这样说的：“如果有人在这里加以歪曲，说经济因素是唯一决定性的因素，那么他就是把这个命题变成毫无内容的、抽象的、荒诞无稽的空话。”

为了写作《资本论》，马克思写了一系列手稿，其中最重要的是《政治经济学批判（1857—1858年手稿）》，这个手稿的出发点是“人类命运共同体”，而不是什么抽象的生产力发展，在那里，马克思说：人类归根到底是靠共同体生存的。

什么是共同体？最简单地说，所谓共同体，就是“联合起来的劳动”，是“自由人的联合体”；而相对于共同体而言，资本、技术、贸易都是派生的，都是手段，马克思还说，只有西方近代文明——资本主义的文明，才把资本、技术、战争和贸易作为目的本身，从而产生了以资本、技术、战争、贸易为目的的国家制度形式——这就是所谓“国富”和“富强”思想的来源，近代以来，西方就是以此形式来瓦解、对抗人类命运共同体。

正因为资本主义的生产力瓦解了人类命运共同体，所以，马克思才说，必须以“联合起来的劳动”去对抗资本与技术的统治。

马克思首先是未完成的《资本论》的伟大作者，马克思和恩格斯并不是靠着说空话就成了我们的伟大导师。

在《德意志意识形态》一文中，马克思和恩格斯确实讲到了“唯一的科学”，这便是那句名言：“我们仅仅知道一门唯一的科学，即历史科学。”在这里，马克思把“劳动”视为历史发展的动力，视为历史辩证法的核心，这无疑是对黑格尔历史观的继承。正如黑格尔所说，人类历史是在主人与奴隶的斗争中发展的，奴隶在被迫的、被动的劳动中，克服着自己的屈辱与焦虑，从而在改造客观世界的过程中，不断地改造着主观世界，简而言之，历史之所以是“科学”，就在于它贯穿着这样的辩证法：奴隶创造历史，劳动创造世界。而这与其说是马克思主义的历史唯物主义，还不如说是黑格尔的历史辩证法。

不过，研究历史，仅仅从思想史的角度出发，以思想引领，仅仅依靠掌握“辩证法的科学方法”，这就够了吗？

马克思在《资本论》第一卷第二版跋中已经明确回应，这完全不够，从思想史、哲学史角度去“统领”历史，那不过是黑格尔的老办法，至于说到“科学方法”，那就有很多——数学、物理、化学的方法，这些都是所谓的“科学方法”，揭示的不过是物的“自然属性”，正如把商品仅仅理解为物，而不是把商品理解为一种由现代资本主义生产再生产关系所形成的“社会意识”的产物——用这种“科学方法”去对待历史、研究历史那种“形而上学”的态度，无疑是用自然科学的方法，代替社会科学。

回顾《资本论》的写作，马克思特别指出，研究历史，绝不能用数学、物理和化学的方法，如果非要讲求一种“科学的方法”，那么只能说，历史研究的方法大概类似于生物学的研究方法。从考古的角度说，历史是一层层堆积起来的，古代的社会结构以变异的方式存在于现代社会，这正如从生物学的角度看，人体解剖为我们认识猴子提供了参照。

简而言之，人的意识，乃是不同的自然、社会条件，不同的生产交往方式的产物，这种意识在历史中被制度化，就成为所谓社会意识，成为占支配地位的意识形态，不同的社会意识，无非是制度化了的、不同的自然、社会条件和生产交往方式，从而形成各种不同的意识形态。历史科学，研究的是不同的意识形态，揭示的是不同的社会意识形成发展的过程。

因此，马克思说：“每个历史时期都有它自己的规律……一旦生活经过了一定的发展时期，由一定阶段进入另一阶段时，它就开始受另外的规律支配。”而马克思的结论就是这样一句话：“这样的抽象规律是不存在的。”

既然“这样的抽象规律是不存在的”，那么我们就要承认，中国历史发展的每个时期都有不同的规律，每个时代都有其占支配地位的意识形态（马克思说，这种意识形态往往表现为统治阶级的意识），正如秦所关心的问题，与汉唐不同，汉唐关注的问题，与宋代不同，元代以来关心的问题，更与宋大不相同，正如秦汉唐之中国，不可能形成“落后挨打”的意识，而宋的反复挨打和内忧外患，也并非因为简单的“生产力落后”，我们不能用“三代”的历史去套历代王朝，也不能用宋明清的规律去批判秦汉唐。每个历史时期面对的问题完全不同，基于对“规律”的不同认识，便有了不同的制度，因而有了制度的变迁。

我想这就是马克思自己所身体力行的方法。

三

说罢历史，我们再来说说制度。

在我们中国人的历史上，存在两种对于“制度”的不同理解。

第一种理解是：制度就是刑名责罚，就是政府制定的一套激励—约束老百姓的机制，形之于文字，那就是法。当今中外所谓“制度”“法治”，实际上都是基于上述理解。

但是，必须指出，这只是对何谓“制度”的一种理解，而并非全部理解。

对于什么是制度，中国人还有一种理解，而且这种理解可能更为重要，它对上述第一种“何谓制度”的理解具有很强的反思性、批判性。

按照这个理解，所谓“制度”，就是指衣食住行、迎来送往、婚丧嫁娶、敬天法祖的“规矩”，而这种规矩就根植于老百姓的日常生活，为老百姓所自觉遵循，日用而不觉。因此这种规矩，便是老百姓自我组织、自我管理的方式，而不待政府的责罚与督促。

用马克思的话说：人类是靠共同体生存的，生产活动只是共同体存在的一种形式。

在中国历史上，清楚地把这二者分开的人，就是欧阳修。他说，按照衣食住行、迎来送往、婚丧嫁娶、敬天法祖的“规矩”去办事，这叫“礼乐之制”。它作为老百姓自我组织、自我管理、自我约束的方式，被称为“民治”，而与之相对的刑名责罚则不是“民治”，实际上应该叫作“治民”。用今天的话来说，如果把前者叫作“制度”，那么后者就只能叫作“治理”。

可见，在中国历史上，“制度”与“治理”所指的从来就不是一回事。

而从这个角度对中国历史作出概括，恐怕以《新唐书·礼乐志》的开篇几句话最为犀利。

由三代而上，治出于一，而礼乐达于天下；由三代而下，治出于二，而礼乐为虚名。

什么叫“礼乐之制”？我前面已经说过，所谓礼乐之制，其实就是指衣食住行、迎来送往、婚丧嫁娶、敬天法祖的规矩。说白了，这其实也就是老百姓日常生活的行为规范。因此，欧阳修说，“凡民之事，莫不出于礼”，意思就是，所谓“制度”，无非就是指老百姓生活中的行为规范，老百姓按照这些行为规范过日子，这也就是所谓“民治”，而欧阳修说这就是“三代”的情况。

那么，三代以后呢？三代之后，制度就变成了“治理”，所谓治理，也就是国家治理，实质上也就是“治民”。

故欧阳修这样议论：三代以降，“其朝夕从事，则以簿书、狱讼、兵食为急，曰：‘此为政也，所以治民。’至于三代礼乐，具其名物而藏于有司。时出而用之郊庙、朝廷，曰：‘此为礼也，所以教民。’此所谓治出于二，而礼乐为虚名”。

欧阳修说，三代以降，“礼乐”沦为虚名。这句话其实颇为不恭敬，其最大的不恭敬，自然是对皇上不恭敬。因为所谓“虚名”者，是说“三代以降”，大张旗鼓地重视衣食住行、迎来送往、婚丧嫁娶、敬天法祖的规矩的，其实只有皇帝一家。能够铺张过日子的，其实不过皇帝一人，所谓三代的制度，不过是皇帝每逢重大节庆拿出来表演一番，装点门面、树立亲民形象的工程。至于老百姓，则匍匐在“法治”之下，如果用鲁迅的话来说，这也就是“万家墨面没蒿莱，敢有歌吟动地哀”。刑名责罚之下，老百姓从此便没有什么肃静日子好过了。

《新唐书》中有《礼乐志》，而且这一部分最重要。为什么？

因为唐起于五胡乱华，宋则有夷狄环伺，这就使确立中华文明的自主性、主体性成为一个非常急迫的大问题。隋唐创立科举制、恢复礼制，宋又在“礼制”和“科举”这两个方面最为积极，究其根源，就在于这种形势所迫。

具体来说，如果天下的一切制度实质上无非就是刑名责罚，那么中华与夷狄在制度上其实也就没有什么不同了。唐代强调制礼作乐，宋尤甚之，这就是为了彰显礼乐之制乃是我们中华文明不同于、区别于夷狄的制度特色，而这当然就是为了强调文化的自信，凸显制度的自觉。

不过，在现实政治中究竟能否实行“礼乐之制”呢？对于这个问题，欧阳修本人其实并没有什么信心，因为他说，三代以后，我们所理解的“制度”，其实就是国家的“刑名责罚”，而老百姓在日常生活里形成的那些个规矩，通过“有司”不断地精细化、程式化，大概只对一个人重要，这个人就是皇帝，而皇帝，当然不是老百姓。

不能小看欧阳修，欧阳修在《礼乐志》开篇这很短的一段话里，起码讲了两个深刻的道理。

其一是“制度”与“治理”的分离。三代以降，中国的制度与治理其实是“两张皮”，所谓“制度”非但不是“治理”的基础，恰恰相反，政治的实质其实就是“治理”，而“制度”（礼乐制度）则不过是一个形式而已。

其二是国家与百姓的分离。三代以降，治理的实质就是“治民”，手段也就是刑名责罚，而在这样的治理体系中，老百姓不得不是被动的，人民对建立在这样的治理体系之上的“国法”，态度自然是消极的，他们遂以为政治就是“国家”的事，而并不是百姓的事——由于没有老百姓的积极参与，不但制度与治理，而且“国家”与“百姓”也随之沦为了“两张皮”。

我把上述这两个洞见称为中国历史上的“欧阳修问题”。

四

怎么看待这个问题？

这里面有深刻，但也有“深刻的片面”。

欧阳修是谏官出身，他的任务当然就是批评，但是他的批评有两个弱点。第一，他所谓的“三代之制”，在真实的历史中其实并不存在，那不过是他为了批判现实而幻想出的理想世界。第二，欧阳修做了一辈子“太平官”，像他这种太平官并不明白，所谓“老百姓的生活”，绝不仅仅是衣食住行、迎来送往、婚丧嫁娶、敬天法祖这种“日常生活”，他尤其不明白的是，老百姓的生活里，除了过日子外，还有饥馑、灾荒、战争和逃难。而对中国这样一个灾难频仍的国家来说，对曾经灾难深重的中华民族而言，如何面对饥馑、灾荒、战争和逃难，如何有效应对危急时刻，特别是如何面对“中华民族到了最危险的时候”，才是头等重要的大事。这件事关乎百姓安危、生死存亡，因此急事不容缓办。如果不能面对危机而建立制度，倘若这个制度不是“以簿书、狱讼、兵食为急”，那也就不能解决危机。如果不能处理“急务”，不能面对生死存亡，那么一切理想方案都是画饼，一切政策不免宽严皆误。

知易行难，这句话的意思是，“改造世界”比“解释世界”难，办一件具体事比坐而论道的批判难。而看不懂且看不起“簿书、狱讼、兵食”这些急务，更将商鞅以来一切改革家视为“酷吏”，恰恰就是欧阳修这种士大夫出身的“太平官”的极大缺点。

毛泽东是洞察了中国历史上的“欧阳修问题”的，但是谈到唐宋以降乃至中国历史的“大事因缘”，他比较推崇的并不是欧阳修的《礼乐志》，而是柳宗元的《封建论》这样的文章，为什么？

倘若往最简单的方向说，我以为这就是因为即便是以毛泽东的崇高地位，他也知道并且时刻痛感着办事很难，而在中国这样一个大国，要办点儿事、成点儿事，尤其难。

实际上，唐立国以来，围绕着施政之重心究竟应放在“制礼作乐”还是“刑名责罚”，究竟是恢复“封建”还是实行“郡县”，进行过一系列长期、激烈的争论，而柳宗元的《封建论》就是在唐代长期争论中产生的文献，也是一篇具有结论性的划时代的文献。

儒家文化的好处，就在于养小送老（老吾老、幼吾幼），亚细亚生产方式的优势，就在于搞大型水利活动，生娃种地，这是我们古老文明的追求。但是，人吃饱了，就喜欢干架，这么多人，如果吃不上饭，那就更要干架，这么多人口，不斗行吗——这就是秦始皇所面对的问题。因此，柳宗元《封建论》开篇指出，靠“三代之制”不能解决这个秦始皇问题。生娃种地的文明，如何面对干架（内乱）的问题，这就是天下大乱必然导向天下大治。“以簿书、狱讼、兵食为急”，这恰说明这些都是关乎生死存亡的急务，而只有解决了生死存亡问题，才能考虑过日子的问题，乱世用重典，这也是不得不然。说白了，不施霹雳手，难开菩提门。连急务都解决不了，老百姓也就过不了什么好日子。

实际上，每一个历史时期都有其要面对、克服的急迫问题。制度不是抽象的，而只有能解决现实问题的制度才是好的制度。我们研究历史，必须从这种历史大势出发，首先认识到，是“天下大乱”导致了“天下大治”，要治理天下大乱，那就要分析乱源在内还是在外，是外患导致内乱，还是内乱导致了外患，如果仅仅是内乱，那就要看乱源究竟是在上层还是在下层。

柳宗元与欧阳修，对于历代治理之得失，对于中国制度的发展，都进行了系统的梳理和思考，但他们的态度是不同的。这两种不同的态度对后世影响极大。

今天，我们共产党人对待自己历史的态度，当然与柳宗元和欧阳修不同。

回顾我们的历史，我们认识到，天下之乱，根源主要在于上层的内卷与无能，也在于下层的无组织性，通过建立基层组织，实现建立在人民团结基础上的国家统一，实行人民民主专政，这是历史的进步，而不是“三代以降”的退步。欧阳修说，以官治民，只能越治越乱，但是，基层一盘散沙，则必然是河决鱼烂。在这个问题上，欧阳修和儒家关于“三代之制”的想象是错误的，确属“开历史倒车”。

治理之关键在于组织基层，而上层无可救药——“百代都行秦政法”，这就是秦始皇的觉悟，是从天下大乱中得出的基本经验，是“大一统”之基础。而要基层的治理之道，就是共产党所发明的“群众路线”——一切来自人民、依靠人民、为了人民。正因为有了这样的基本历史经验，我们就绝不能因此陷入胡适的诡辩，因为他认为，一个坏政府也比无政府好。我们看一个政府好不好，归根结底要看它是不是人民的政府；我们看一种治理是否有效，要看它能否真正发挥老百姓的主动性和创造性，而这一点，仅靠刑名责罚是做不到的。

如果一种治理完全脱离了人民对于美好生活的向往，竟完全变成了以各种条条框框去“治民”，就是把“治理”与“制度”完全对立起来了，而在这个问题上，欧阳修那穿越的质疑又总是发人深省的。

我年轻的时候，喜读钱穆的《中国历代政治得失》，该书言简意赅，有许多了不起的创见。这本书本是钱穆应国民党军政部的邀约而写，不免要从历史的角度对国民党执政的经验教训加以反省、总结，与郭沫若的《甲申三百年祭》一样，其深刻之处就在于有感而发。如果说这本书有什么缺点的话，那或许可以这样说，该书的出发点便是钱穆所谓的“人事”与“制度”之间的矛盾，而非“制度”与“治理”之间的关系。钱穆所论“人事”者，其实不过就是“官事”，而与“民事”即人民群众的事没有什么关系。简而言之，这本书里可能什么都有，但就是没有“人民群众”这四个字。

钱穆说，中国的制度太僵化了，最终束缚了上层之有所作为，这毫无疑问是对的，但是，更重要的却是：中国的上层太苟且了，从而束缚了广大人民群众创造历史的能力，而造成了近代以来“百姓怕官，官怕洋人，洋人怕百姓”那样一种局面。

从“制度”与“治理”之间的矛盾和有机联系中思考中国历代政治之得失，这是包括国民党在内的历代统治者所不能做到的，而能够这样做、这样看问题、这样看历史的，只有中国共产党人。

五

中国离不开世界，世界离不开中国。就中国说中国，就中国历史讲中国历史，当然不行。

公元前2000年左右，雅利安人便驾着马车南下，其中一支占领了伊朗高原（伊朗，即“雅利安人的土地”之意），另一支则经阿富汗占领了印度。威胁着商王朝的鬼方，灭了西周的赤狄和白狄，也都是驾着马车而来的，而那个时候中原的步兵，很难抵挡战车的冲击。

“东平晋乱，以河为界，西霸戎翟，广地千里”，秦始皇和郡县制都不是凭空产生的，正是为了对抗来自东西两面的夹击，于是便有了“令民为什伍”这空前严厉的刑名责罚制度，因为“赳赳老秦”就处于中华文明的最前线，秦时刻处于紧急状态，非如此组织起来，非在基层建立邻里乡党制度，老百姓便不能生存。当然，非如此，如果没有基层的有组织性，也就没有中国的统一。春秋大一统，所谓“大一统”，基础就在基层的有组织性，这就是为秦所开辟的中国历史的主题。

重视盐铁，奖励军功，汉代的这些政策其实也都是为了应对国内外的紧急状况而产生的，而汉武帝在治理上最大的改革，并不在于划分内、外朝，而在于把过去搞“礼乐之制”的内朝改造为一个治国理政、处理急务的机制，汉代的统治者是比较有能力的，汉代的经学，就是系统的治国理政之学。正是凭借着这些改革，汉武帝创造了一个伟大的世界制度——丝绸之路制度。到了东汉，中国已经有了 8000 万人口，主要集中在黄河流域的北方。当然，也因为这种立足于激励—约束上层统治者的制度走向偏颇，由于过于鼓励贤能干将，而忽视了力田小民，从而就不可避免地为后世门阀士族阶级的专政埋下了伏笔。

与汉武帝鼓励商人、鼓励武夫的政策不同，唐最伟大之处就在于其鼓励普通基层百姓的政策——均田与府兵。隋唐大运河的开拓，形成了沟通中国南北的内部经济大循环，沟通南北的贸易大市场。也正是靠着这一壮举，唐努力平衡了魏晋以来造成的贵族制度的偏颇，而这样的土地制度，由于空前调动了广大农民的积极性，建立了融农业、手工业、商业为一体的辉煌的小生产模式，由此方才把中国历史推向了壮丽的盛唐。

至于唐的瓦解，有诸多内部原因，其中最主要的是：立足于贵族门阀的上层分权的“三省”制度造成的党争，以及由运河转运制度造成的藩镇之专权，府兵制度的瓦解造成少数民族将领掌握军队。当然，离开了世界局势的巨变，离开了伊斯兰势力的崛起，特别是离开了唐与阿拔斯帝国之间的怛罗斯之战，那就不能很好地解释安史之乱，正如离开了伊斯兰势力对于波斯的占领，也就不能解释唐何以对中亚地区失去控制。

秦鼓励农战，汉鼓励商人和武夫，唐鼓励农民，那么宋代鼓励什么？结论自然是与历代不同，宋鼓励的其实就是士大夫。宋代的士，是文士，不是武士。

文士最擅长的是什么？大概不是办事，而是写材料、画表格，制定条条框框。

我在书中曾经以叶适在《外稿》中的话来说明宋代的治理问题。叶适说，宋代治理的大问题在于“持法密而为政疏”，且“持法愈密，为政愈疏”，意思就是说，并不是制定了一些条条框框，就能够办事，如果条条框框太多，而许多条条框框都是为了阻碍办事而设计的，那就完全不能办事了。极端的结果便是：危急之中，要想办点儿正事，就不能不破格违规，而这就是为什么梁山好汉一百单八条，其中大部分原都是体制内的忠臣、能臣、诤臣，但不幸的是个个犯法。

书里还有一段说，宋代治理的最大问题，就是于无奈中形成官吏二分，即在正式的官僚体系之外，还有并行的胥吏组织，这是因为正式的组织运行不能应对时势之变化，加之条条框框的束缚，而日渐消磨，所以就不得不任用非正式组织办事。既然办事的是吏，官并不办事，而国家的一切制度却全为“以官治官”而设计，这就完全放任了不是官的胥吏。胥吏不是官，没有条条框框可以束缚他，因此就成了法外之人。既然官不作为，一切不过官面文章，那么一切实际权力便都操持在宋江这班胥吏手中，于是，最后呈现给我们的便是《水浒传》那种“阅读效果”：大宋数万官僚精英，殚精竭虑，先忧后乐，其中当然不乏王安石、叶适、陆九渊这种高瞻远瞩之人，而给人的印象却是一班循规蹈矩、不能作为的庸官、贪官，望之使人不喜；倒是梁山泊一班草寇上蹿下跳，可圈可点，敢说敢做，使酒撒泼，其效果就是可看可叹，颇能吸引眼球。

今天看来，宋代的一切制度均为承平之世而设计，且自期“为万世开太平”，然而，两宋果处承平之世乎？抑或处于千年未有之变局乎？倘若是后者，则以承平之制，应对千年未有之变局可乎？以文牍奏对，应对八百里军情可乎？以理学空谈，应对弯弓射雕可乎？

有人说，自古以来，宋代的制度最先进，也最完善，宋代的读书人、士大夫地位最高，但是在我看来，宋代掉进的是制度的陷阱，宋代最大的愚蠢就在于，它把政治理解为开会定规矩、立制度，它竟然以为有了一个完善的制度，就可以治国平天下，而宋代出了那么多诗词歌赋，就是因为士大夫不会干事，不敢干事，不能干事，从而在文山会海里，把大好河山，拱手送给了塞北。

说到教训，这就是所谓历史的深刻教训。

大概是受了《资治通鉴》开始的“正统史观”的影响，元代是比较不受重视的。但是，如果忽视元代，那我们自己的“来路”恐怕就说不大清楚了。

《春秋》的根本特征是什么？当然是“大一统”。中国的大一统，既有中原的一统，也有塞外的一统。当年，雍正在批驳陆生楠《封建论》时说过一句名言：“中国之一统始于秦，塞外之一统始于元，而极盛于我朝，而皆天时人事之自然，岂人力所能强乎？”这里讲的，就是一个来路的问题。

魏源说，“三皇以后，秦以前，一气运焉；汉以后，元以前，一气运焉”，这也是讲的来路问题。

在中国历史、世界历史上，元代的作用是什么？为什么雍正、魏源讲中国历史的“来路”的时候，都特别强调了元代的作用？因为元代先是实现了“塞外”的大一统，然后又把中原、江南纳入这种“大一统”之中，实现了“空前的大一统”。我们思考现代中国与现代世界的来路，当然不能忽视这一点，更不能把元代作为中国历史的“异类”来对待。

美国学者杰克·威泽弗德出生于美国南卡罗来纳州的一个农民家庭，他说自己还是小学生的时候就开始关注中国历史。他是《成吉思汗与今日世界之形成》的作者，他关于丝绸之路的研究，同样值得我们注意。

杰克·威泽弗德很重视元朝，他的观点是，元朝中国的主要贡献，就在于通过开通陆上丝绸之路和海上丝绸之路，建立了横跨欧亚的世界贸易体系，马可·波罗一家就是从陆上丝绸之路而来，从海上丝绸之路而去。

他的观点是，由汉武帝开创的世界制度——丝绸之路制度，到元朝终于奠定完善，正是元代中国建立了“现代世界秩序”，随后美洲才被带进了这个世界贸易体系，因为葡萄牙、西班牙、荷兰、法国、英国都想在中国商业贸易体系中分一杯羹，所以它们就开始“撕咬”，致力于破坏这个贸易体系。既然单个的欧洲国家不可能像中国的元朝那样主导整个贸易体系，它们就联合起来，致力于瓦解、拆散这个网络，就是对这个世界贸易体系进行捣乱，最终将这个体系大卸八块，瓜分豆剖——取而代之的，就是一个支离破碎的、殖民列强彼此争霸的世界。

杰克·威泽弗德的研究值得注意，因为这里就有一个现代世界的“来路”问题。如果你说“西方创造了现代世界体系”，那你就必须漠视蒙古特别是元代中国的作用和历史地位，漠视“一带一路”、世界贸易体系形成的历史与来路；反过来说，如果你认为是中国开辟的陆上丝绸之路和海上丝绸之路，建立了一个世界贸易体系，如果在真实的历史中，欧洲人不过是占据了元代中国所开辟的世界网络的不同部分而已，那么西方帝国主义和殖民主义就不是开辟了现代世界秩序，而是阻碍了、破坏了始于元代的世界一体化进程。

这些看法虽然为我们所不甚熟悉，但极为值得注意。

那么，什么是“数千年未有之大变局”？

我以为，最好地回答了这个问题的人，就是魏源。他指出，在清代中国完成了塞外与中原的一统、“居国”与“行国”的混同之后，面临着以“海国”形式出现的现代资本主义体系的冲击。与数千年来不同，中国历史的“大一统”问题在近代成为如何混同居国、行国与海国的问题。正是在“海国”的冲击下，中国数千年的治理体系面临着崩溃、瓦解的大危机。

长期以来，中国的发展依靠的是江南经济区的内卷，这种内卷式发展，把中国拖入高度平衡陷阱，与西方向外部世界开拓不同，中国的发展，忽视了面向欧亚大陆的边疆与面向世界的海洋。

只有把近代以来中国人民的奋斗放在“数千年未有之大变局”中去看，只有把“中华民族到了最危险的时候”这句话时刻放在心里，我们才能真正理解这种奋斗的价值和意义所在。

究竟什么是以毛泽东同志为主要代表的中国共产党人对中国历史的伟大贡献？

毛泽东以土地革命为基础，把秦始皇的基层组织、唐代鼓励农民的“均田制”发挥到了极致，他建立的土地公有制，是我们一切现代发展的基础，是最根本的“制度红利”。

他把马克思主义思想与三大纪律、八项注意结合在一起，创立了党领导的人民子弟兵制度，他深刻地认识到，力量的根源在于运动，战争的伟力就在民众之中，他沿着成吉思汗的道路，带领中国共产党人走出了以农村包围城市、以边疆包纳中原的中国革命战争胜利之路，他以“一不怕苦，二不怕死”的价值观，使中华文明恢复了战斗的本色，在毛泽东思想的指引下，四分五裂的中国得以重新凝聚，灾难深重的中国人民从此站立起来了。

他以延安整风彻底改造了宋以来中国士大夫阶级的恶习，他把以制度形式存在的中国上层统治阶级的文化视为历史的垃圾与糟粕，并发誓与其一刀两断。在中华民族到了最危险的时候，他创造了毛泽东思想，把张思德、白求恩、雷锋树立为圣人，以人民的圣人取代了孔孟老庄这些统治阶级的文化圣人，而这一思想实现了中国历史上从来没有实现过的“礼乐之制”与现代政治的高度统一。

新中国成立后，毛泽东领导着一穷二白的新中国，在极端困难的条件下建立了比较完善的工业体系和国民经济体系，为现代中国奠定了经济基础，为中华民族伟大复兴创造了牢不可破的前提。毛泽东始终从政治与战争的角度，从冷静的敌我分析的角度，去理解中国的现代化进程，始终依靠作为圣人的基层人民群众，从而开辟了中国的、人民的现代化道路。尽管毛泽东晚年犯了错误，但是只有我们明白什么是“中华民族到了最危险的时候”，只有我们真正懂得在高度反常时代，一个民族要想生存下去，不能不采用一些非常手段，你才会真正理解他为什么毕生强调不懈斗争，为什么念念不忘要“将革命进行到底”。

我是在邓小平时代成长的。作为毛主席的战友和部下，邓小平为了使中国社会主义制度保持和充满活力，开启了改革开放的伟大事业。长期的革命经验，深邃的历史眼光，广阔的世界视野，使他深刻认识到：如果不改善人民生活，如果不发展中国经济，如果不能造就一代又一代敢作敢为，为人民服务的新人，而仅仅靠喊口号，定框框，靠人整人，那就是死路一条。邓小平理论是商鞅、王安石以来中国改革思想的集大成者，而作为一个马克思主义者，邓小平也深刻认识到，仅靠以刑名责罚为核心的治理，不能从根本上解决怎么搞社会主义这个问题，而以商品经济为导向的市场体系本身，在极大地推动了中国经济发展的同时，也蕴含着深刻的危机。

这意味着我们必须全面、准确地理解邓小平理论。

说到制度与治理，远的不说，必须看到，我们今天的制度优势，一部分是在毛泽东时代形成、奠定的，这就包括党的基层组织、党的群众路线、党领导的人民军队、由统一战线发展而来的政治协商制度、建立在全中国人民大团结基础上的民族区域自治制度、一方有难八方支援的社会主义价值观、建立在比较完整的工业体系基础上平衡发展的国民经济体系、建立在不懈的学习和教育基础上的党的全心全意为人民服务的宗旨，也有一部分是在改革开放过程中形成和奠定的，这就包括强大的产业链、供应链、基础设施，也包括物联网配送机制等。

党的十九届四中全会把这两个时期形成的制度优势结合起来，并加以深刻概括，以此把中国特色社会主义推向了新时代。而我特别想强调的是：一方面，我们必须充分认识到中国特色社会主义制度的高度优越性，并对此充满自信；另一方面，我们也必须充分注意我们的治理体系和治理能力方面存在着各种短板，特别是在国家安全战略、公共安全体系、教育、医疗、养老、住房等方面存在着各种不足。尤其必须注意到：当此世界百年未有之大变局，官僚主义、形式主义使许多人忘记了历史的教训——“国虽大，好战必亡；天下虽平，忘战必危。”每一代人都要走好自己的长征路，我们不能因为长期和平发展，就忘记了国歌里的那句话：“中华民族到了最危险的时候。”

坚持和完善中国特色社会主义制度、推进国家治理体系和治理能力现代化，这两者是紧密联系着的整体，不能只讲后者，而不讲前者，即不能因为我们在治理上存在一些短板，就归咎于中国特色社会主义制度，我们的制度是有极大优越性的好制度，我们一定要坚持这个根本，这丝毫不容怀疑、不容否定。反过来说，不能因为我们有一个非常好的制度，就不正视我们在治理体系和治理能力方面存在的短板。

这一在现实中已经被深刻证明的论断，今天尤其需要我们结合中华民族波澜壮阔的奋斗史去更加深刻地说清楚。

一个民族，只有搞清楚自己从哪里来，才能知道自己往哪里去，而这就是研究历史的意义。

把学问写在中国大地上

韩毓海

人文学者，北京大学习近平新时代中国特色社会主义思想研究院副院长，北京大学中国语言文学系教授，博士生导师。

人类是靠共同体生存发展的，因此，在人类发展史上，存在着各种形式的共同体，人类命运共同体，既不是只有一种形式，也不是存在于未来的乌托邦。

近代中国所面临的问题，不在于治理能力下降所导致的经济、生产力不发达的问题，而在于治理体系瓦解造成的共同体分裂问题。

共产党不是靠硬实力打败了国民党。共产党的迅速胜利，能抓住人心这个软实力，固然最重要，但更为值得思考的，则是共产党如何运用了巧实力。

一、从黑格尔到马克思

关于“人类命运共同体”，有很多的解释，其中一个说，人类命运共同体，就是“自由平等博爱”的共同体，法国大革命的目标，就是建立这样的人类命运共同体。这种说法不新鲜，其实是照抄黑格尔，如果按照这种说法往下推，西方自由世界，就是人类命运共同体的最高形式。

还有一种说法：马克思所说的共产主义，就是建立人类命运共同体，按照这种说法，似乎人类命运共同体，只存在于未来，即只有将来世界大同了，才能实现人类命运共同体。

其实，马克思不是这么说的。他说的是，人类是靠共同体生存发展的，因此，在人类发展史上，存在着各种形式的共同体，人类命运共同体，既不是只有一种形式，也不是存在于未来的乌托邦。

中华民族就是一个共同体。追求“大一统”，就是中华民族共同体意志的体现，统一与分裂，这就是中国历史的基本主题。我们的中华人民共和国当然就是共同体，天安门上写着两个横幅——中华人民共和国万岁，世界人民大团结万岁，很深刻、也很直截了当地写明了这一点。

在写作《资本论——政治经济学批判》之前，马克思写了三个《政治经济学批判》手稿，其中最伟大的一个，就是《政治经济学批判（1857—1858年手稿）》。《政治经济学批判（1857—1858年手稿）》与《资本论》最大的区别在于，前者的主题是“人类命运共同体”，是考察人类历史上各种形式的共同体的发展与演变，而后者的主题则是“资本”。关于“人类命运共同体”，马克思这个手稿里讲得最集中，讲马克思主义与人类命运共同体的关系，要从这个手稿出发。《政治经济学批判（1857—1858年手稿）》开头说，从漫长的人类历史看去，人是靠共同体生存发展的，人类历史，就是维护人类共同体生存与发展的历史。相对于共同体而言，自然、劳动、财产，虽然必不可少，但却都是“外在之物”，都是第二位的，是构建共同体的手段。只有共同体本身，既是人生存发展的目的，也是手段。

他说，人类最初的生存方式就是迁徙，是以部落游牧的方式迁徙，而这意味着，相对于共同体，土地也是身外之物，即人类共同体最初的生存方式——部落游牧，它对土地的依赖很低。

一旦人类终于定居下来，他们生存依靠的第一力量，其实也并不是土地，第一位的还是要靠共同体。定居文明发展的前提，就是进行大规模水利工程的建设，有了大规模的水利建设，长期的定居与土地的长期利用才有可能，而大规模水利工程，只能是共同体统一意志的产物。所以马克思说，大规模水利工程，既是共同体统一意志的产物，也是维护共同体统一意志的条件。

这里，马克思讲了一段著名的话，提出了“亚细亚所有制形式”：“在这种情况下，那些通过劳动而实际占有的共同条件，如在亚细亚各民族中起过非常重要作用的灌溉渠道，还有交通工具等等，就表现为更高的统一体，即凌驾于各小公社之上的专制政府的事业”。

什么是“亚细亚所有制形式”？“亚细亚所有制形式”是指广土众民的定居文明，广土众民的定居文明之所以能够长久，就是因为大的共同体有统一意志，因此就比小的要有力量，这种共同体统一意志，尤其表现为大型水利设施的建设——用今天的话来说，这就是“集中力量办大事”的产物。

马克思所说的“亚细亚所有制形式”的核心，就是“统一”，统一是共同体意志的体现，它的对立面就是分裂，而大型水利工程的政治意义，就在于它“表现为更高的统一体”。言下之意是：共同体越大，生存能力、持续能力就越强，总起来说，大的共同体，总是比小的共同体更有持久的生命力。简而言之，“亚细亚所有制形式”的核心问题，便是“统一”与“分裂”，是说大的共同体比小的要更有持久性，而把“亚细亚所有制形式”等于西方近代意义上的王权专制，这是完全错误的，也根本不符合马克思的思想。因为前一种是指广土众民的大共同体的特征，后者则是小国寡民的产物。

马克思又继续分析说——在广土众民的定居文明之外，人类共同体发展的第二种形式就是抢劫和掠夺，它的方式是战争，这就是马克思所谓的“古代的所有制形式”。希腊城邦就建立在战争与掠夺的基础上，是最典型的古代所有制形式，在希腊城邦所有制形式中，战胜者是主人，战败者是奴隶。主奴关系的确立，就是黑格尔叙述世界历史的起点，也是黑格尔与马克思叙述历史的一个重要区别。

地中海文明就起源于战争与掠夺，这是其不同于大陆上的定居文明的鲜明特点。人类共同体发展的第三种形式是商业，这就是马克思所谓的“日耳曼的所有制形式”。作为占领者，日耳曼人居住在城市据点里，他们的生活，依赖于商业的供给，正是商业，把中世纪欧洲的城市与农村，把地中海文明与欧亚大陆文明，把不同的共同体形式联系起来，欧洲的商业就是这样在中世纪发展起来的。

马克思和黑格尔都认为，人是靠共同体而生存与发展，但说到共同体的形式，马克思的手稿里面，讲了迁徙、定居、战争、商业、劳动、资本共是六种形式，而黑格尔则只讲了战争和劳动这两种共同体的形式，他更把这二者之间的转变，视为古代共同体向现代共同体的转变。

从战争的共同体，向劳动的共同体的转变，这就是黑格尔的主人与奴隶辩证法的核心。

黑格尔在《精神现象学》里说，主人因为战胜而享受奴隶的服务和劳动成果，奴隶因为战败而被迫劳动。但是，在劳动中，奴隶却创造了一个物质的世界，更重要的是——奴隶在被迫的劳动中，在不断改造着物质世界的同时，也不断地提高着自己的劳动技术，从而通过劳动这种“自我教育”，不断改造着自己的主观世界，不断提升自己、改造自己、发展自己，这就是黑格尔辩证法的基础——主人与奴隶的辩证法。

辩证法的实质就是变化，而主人的特点是不能变化、拒绝变化，因为变化就意味着他垮台，就意味着其丧失主人的地位，所以，主人是没有发展的可能性的，主人没有辩证法，所以他在“夺取政权”就失败了——主人在胜利的那一刻就失败了。而奴隶渴望变化，他在改造世界的劳动中，不断改变着主观世界与客观世界，劳动创造了世界，这意味着奴隶创造了一个不断变化和发展的、充满可能性的世界。

劳动创造世界，奴隶创造历史——这就是黑格尔辩证法的实质，也是现代革命思想的实质，不过，这并不是马克思的发明，更不是毛泽东的发明，因为这是马克思、毛泽东从黑格尔《精神现象学》里读出来、继承来的东西。

实际上，从劳动的意义定义现代性的巨著，是黑格尔的《精神现象学》，而不是马克思的《资本论》。《资本论》的伟大贡献，是从“资本”的角度定义现代性，对资本的论述，才是马克思对于现代性最大的贡献。《资本论》对于资本的论述，最核心的在其第三卷，这一部分是从马克思早期的《黑格尔法哲学批判》和《1844 年经济学哲学手稿》发展出来的，但是，非常可惜的是，由于恩格斯的修改，这一部分与《黑格尔法哲学批判》和《1844 年经济学哲学手稿》的有机、必然联系，被完全割断了。而在后来的《资本论》研究中，这一部分最不受重视。

研究西方哲学社会科学，我们一定要知道——在经济上提出劳动价值论的是李嘉图，在政治上倡导劳动价值论的是洛克的《政府论》，而从精神现象学角度，深刻论述了劳动创造世界的则是黑格尔。

黑格尔还说，如果单挑，奴隶永远干不过主人，这是因为奴隶怕死，主人不怕死，但是，如果奴隶通过劳动和交换，搞出个市场经济和“市民社会”，并在此基础上搞出一个现代国家这种共同体的新的、绝对的形式，那主人就彻底废了，因为在这样的制度下，在这种新的人类命运共同体中，每个人都是劳动者，也都是交换者、所有者，他既是一个个人，也是一个主权者，既是特殊性，又是普遍性——这就是卢梭的逻辑，也是法国大革命的逻辑，从此之后，就不再有主人与奴隶，从此“世界是平的”——历史到此终结。

而西方的思想，到了黑格尔，也就此终结。

马克思是从被黑格尔终结的历史那里出发，开始了他伟大的思想。黑格尔说，劳动共同体，这是最后、最高的共同体，奴隶通过劳动和集体斗争，在改造客观世界的同时改造主观世界，最终消灭了主人与奴隶的关系，实现了辩证法。

马克思完全不赞成黑格尔的历史终结论，他认为，劳动不是最后一个共同体的形式，而只是一个过渡期，这个过渡期标志着马克思所谓“资本主义的原始形成”，随后到来的资本主义社会，表现为资本对于劳动的支配。

马克思指出，黑格尔所说的人类最后的理想社会，就是资本主义社会，这个社会的支配力量是资本，而不是劳动。此前的一切人类社会，都是靠共同体而生存、发展，只有这个资本主义社会是特殊的，它最大的特殊性在于：它不需要人类共同体，不需要人类劳动，甚至根本就不需要人。在这个社会里，人将会变成普遍的“宅男宅女”，他们只跟机器玩，只跟钱玩。这个社会意味着共同体的瓦解，这个社会绝不是人类的理想，而是人类的灾难。

《政治经济学批判（1857—1858年手稿）》说，资本主义社会需要的是资本，不需要工人，不需要劳动者，因为这个社会的实质是“资本”，而不是黑格尔所谓的“劳动”。马克思说：“对资本来说，工人不是生产条件，而只有劳动才是生产条件。如果资本能够让机器，或者甚至让水、空气去从事劳动，那就更好。而且资本占有的不是工人，而是他的劳动，不是直接地占有，而是通过交换来占有。”

手稿里最深刻、最具当代意义的一节，就是《机器体系和科学发展以及资本主义劳动过程的变化》，在这里，马克思提出：利润的驱动决定了科学发展的方向，而资本主义的劳动的最终理想，是以机器代替人，是以机器人体系，代替人类社会体系，最终，就是一个机器的体系，代替了人类命运共同体。

在这个手稿的最后一部分《资本主义条件下和共产主义条件下的社会生产力》中，马克思简要地说，共产主义是联合起来的工人阶级共同体，去掌握机器体系，是工人阶级的劳动共同体支配机器人，而不是机器人支配人类社会。马克思最后以猜想的口气说，这里的第一步是机器“变成联合的工人的财产”。

用今天的话来说，数字技术、人工智能是重要的，机器人是重要的，正如华为是重要的一样，而真正重要的是机器体系掌握在谁的手里，资本掌握在谁手里，于是，最重要的在于马克思手稿里的最后一句话，即新的人类命运共同体，将怎样“以改变了的、由于历史过程才产生的新的生产基础为出发点”。

《资本论》是未完成的，这不仅是指马克思生前只看到了第一卷的出版，而后两卷是由恩格斯帮助整理，在马克思去世后发表的。更为重要的是，如果加上《1844年经济学哲学手稿》，为了创作《资本论》，马克思其实写了四个手稿，如果不研究这四个手稿，恐怕就很难懂得，马克思究竟是在怎样的艰难曲折中展开他的思想的。

非常可惜的是，对这三个手稿，给马克思介绍出版商的拉萨尔看了很不满意，更要命的是，恩格斯也不满意，燕妮读后甚至说，自己“对卡尔的写作天才产生了怀疑”，这对马克思造成了非常沉重的打击，他因此不得不抛开手稿的思路，另起炉灶。

“伟大也要有人懂”。谁都不容易，马克思更不容易。

现代有两个革命：一个是黑格尔思想指导下的革命，这就是建立劳动共同体，就是劳动者当家作主。还有一个就是马克思主义指导下的革命，那就是劳动者掌握科学技术，掌握资本。

简单说，这就是黑格尔与马克思的关系。

1945年，毛泽东在中央党校二部演讲，提出我们要进行两个革命，一个是新民主主义革命，一个是社会主义革命，前一个革命，是后一个革命的基础，但是，如果我们不进行第二次革命，如果劳动者不掌握科学技术，不掌握资本，劳动者就不能真正获得解放，文件上规定的“劳动人民当家作主”就是空话。

毛泽东后来又说，新民主主义关好过，社会主义关难过。要过新民主主义关，就要过黑格尔这一关，毛泽东的话是很对的——不读黑格尔，就不懂马克思。

在延安，毛泽东爱读逻辑学，胡乔木说，逻辑学这种书，我一天也读不了两页，毛泽东开导他说，逻辑学、辩证法，这不是书本上的公式，这就是世界的本质，是历史的本质，搞革命，就需要读逻辑学。

斯诺后来问毛泽东，在延安的时候，他从哪来搞马克思的书来读？毛的回答是：那个时候，我主要是读黑格尔的书。

《实践论》《矛盾论》都是血写的，而不是照抄斯大林。

可惜，如今这个世界上，到处都是反黑格尔主义者，根据他们的逻辑，这个世界上永远有掌权者和无权者，因此永远有主人和奴隶，奴隶的理想就是成为主人，即奴隶和主人在希望拥有权力这一点上，并没有区别。因此，也就没有现代与古代的区别，没有法国大革命与王权专制的区别，没有毛泽东与蒋介石的区别，历史不过就是权力的轮回。

要成为马克思主义者，首先要过黑格尔这一关。但是，现在大多数的读书人，不是没过马克思关，而是连黑格尔的关也没过。连黑格尔的现代观都没过，谈什么现代化、现代性，谈什么现代思想、现代文学？连黑格尔的现代关都没过，谈什么过社会主义的关？过黑格尔关，过现代观，首先意味着确立这样的信念——相信奴隶创造历史，劳动创造世界，人民群众是人类历史发展的真正动力。

二、自我扬弃的主人

黑格尔说，主人拒绝变化，这是因为主人拒绝变成奴隶，主人不能从奴隶的立场去观察世界、观察历史——这意味着主人不能背叛自己，不能“扬弃”自己，而只有奴隶在劳动中才能扬弃自己。

但黑格尔这个话，其实是错的，证明他这个话是错误的东西，就是伟大的中国革命。

中国革命最动人的一个地方，就在于它提供了这样的悖论——在主人、统治者内部，产生了扬弃自己的人，出现了能站在奴隶和被压迫者角度去思考世界与历史的人。这些“自我扬弃”的主人，就是统治阶级的“叛徒”，极端点说，是奴隶派到统治阶级内部的“卧底”。在向着旧世界的斗争中，正是他们代表着一个特殊的战线——“隐蔽战线”，而这其中最重要的一个重要人物，就是冀朝鼎。

冀朝鼎，生于1903年，山西汾阳人，他出身名门，父亲冀贡泉先后担任过山西司法厅长和教育厅厅长。

他是一个真正的天才，是天纵之才，但同时也是一个天才的“卧底”。

1916年，年仅13岁的冀朝鼎考入清华学校，可谓惊世神童。

1919年，热血少年冀朝鼎参加了五四运动，在六三大宣传时被捕，那个时候，他只有16岁，是五四运动中最年轻的学生领袖，是少年学生领袖。

1924年，21岁的冀朝鼎以优异成绩被芝加哥大学历史系录取，赴美留学。在赴美临行之前，这个21岁的年轻人曾专门去北京大学拜访了李大钊。

1926年，冀朝鼎在哥伦比亚大学获博士学位，而博士论文就是《中国历史上的基本经济区与水利事业的发展》，这篇论文震惊了美国政界与学界。那一年，冀朝鼎只有23岁。

但是，在美国一举成名的冀朝鼎，因为关怀人类的命运，心系苦难的祖国，痛恨帝国主义、殖民主义支配的世界，于是，在写作博士论文期间，1927年，冀朝鼎就去欧洲参加了世界反对帝国主义、殖民主义同盟大会，在欧洲，他加入了中国共产党。

1928年，他去了莫斯科，参加了中共六大代表团工作，并担任中国驻赤色职工国际代表邓中夏的翻译和秘书——也就是在那个时候，他与周恩来结识。周恩来一眼就看准了这个天才，从此紧紧地抓住了这个天才。周恩来深谋远虑。

1929年，冀朝鼎结束欧洲之行，回到美国，并加入了美国共产党中央局，参与创办了《今日中国》和《美亚》杂志。《美亚》杂志吸引了美国最优秀的学者，《中国的亚洲内陆边疆》一书的作者欧文·拉铁摩尔，就是这个杂志的主要撰稿人。

抗战期间，拉铁摩尔被派往中国，担任蒋介石的政治顾问。他不喜欢蒋介石，于是，率领《美亚》杂志代表团，访问了延安，结果，与毛泽东一见如故。

1929 年，《中国历史上的基本经济区与水利事业的发展》在纽约出版，给冀朝鼎带来了巨大学术声誉。通过纽约的学术圈，冀朝鼎结识了美国财政部货币研究室的柯弗兰，据说还发展他加入了美国共产党。而柯弗兰又将冀朝鼎介绍给美国财政部的经济学家，其中包括罗斯福的助手居里和美国财政部长摩根索的助手白劳德。

美国总统周围的学者们将冀朝鼎的意见作为自己对华政策的依据，而这些对中国问题的预测和意见，很多就来自延安。

毋庸讳言，美国人是爱才的。英雄不问出身，发现人才、重视人才、鼓吹人才，使真正的人才可以出人头地，为天纵之才的成长创造条件——这曾经是 20 世纪初的美国，能够吸引全世界人才的原因。

1941 年，冀朝鼎回国，先后任平准基金会秘书长、国民政府外汇管理委员会主任、中央银行经济研究处处长，并兼任圣约翰大学、暨南大学商学院教授等。抗日战争胜利后，任中央银行稽核处处长，到上海接收日、伪金融机构。

冀朝鼎与孔祥熙同是山西人，他的父亲冀贡泉曾是孔祥熙的老师。冀朝鼎回到重庆后，就住在孔祥熙公馆。而且，他与宋子文很谈得来，当时，宋子文对蒋介石十分不满，在宋子文眼里，蒋妹夫这个假基督徒和儒教信徒的所谓“信仰”，完全不伦不类。

1944 年，孔祥熙任命冀朝鼎为中央银行外汇管理委员会主任——也就是在那个时候，在冀朝鼎主持下，金圆券币制改革推出了。

当时，蒋介石打内战，需要钱，想钱想得抓狂。冀朝鼎给他出了一招——让法币与白银和黄金脱钩，发行金圆券。蒋介石大喜过望，立即实行，结果是货币崩盘，金圆券一泻千里，经济崩溃，人心全失，国民党因此丢了江山。1947 年 3 月，毛泽东撤离延安，仅仅一年之后，国共双方便攻守逆势。这里面，一个是靠毛泽东大智大勇，以四个连拖着胡宗南在陕北转圈，以此打乱了蒋介石的战略大局；一个是靠金圆券改革毁了国民党的经济，乱了蒋介石的后院。

否则，你怎么解释——以共产党不到 100 万军队，在两年内就击溃了国民党 800 万现代化军队？ 1946 年，解放战争开始，在决定中国命运的关键时刻，蒋介石却突然想自杀，而冀朝鼎就是那个给他递刀子的人。

共产党不是靠硬实力打败了国民党。共产党的迅速胜利，能抓住人心这个软实力，固然最重要，但更为值得思考的，则是共产党如何运用了巧实力。

有一个引起轰动的电视剧《北平无战事》，据说其中就有冀朝鼎的影子，但是，神龙见首不见尾，那只是一个影子而已。冀朝鼎，这个人办过什么大事？我举三个例子：金圆券的币制改革，人民币制度的创立，“第三世界”阵营的形成——冀朝鼎就是参与构造这三个制度的人。

金圆券的币制改革，直接导致了国民党政权垮台。人民币制度的创立，为新中国奠定了基础。“第三世界”阵营的形成，改变了世界格局，为今天的“一带一路”开了先河。中国人民银行成立，冀朝鼎是首任副行长、副董事长。他创立了包括广交会在内的中国对外贸易体系，是中国国际贸易促进会副会长。

冀朝铸，是冀朝鼎的弟弟，很有名。他是新中国的外交部副部长，弟弟比哥哥更有名。尼克松访华，一下飞机，就向周恩来伸出手（周恩来后来说，他这是从太平洋彼岸伸出了和平的手掌），当时，站在尼克松和周恩来之间的人，就是冀朝铸。邓小平访美，白宫举行盛大欢迎仪式，站在邓小平与总统卡特之间的人，还是冀朝铸。大音希声，大象无形。真正办大事、开新路的人，不会让你知道他是谁，更不会让你知道他在办什么大事——道理很简单，如果大家都知道了，如果搞得沸沸扬扬、敲锣打鼓，那事情就办不成了。

伟大的思想是孤独的。探索新道路，是需要孤身奋战的。它是孤独的、勇敢的事业。岂有文章惊天下，邓稼先出名，是在“两弹”完成之后，是在他去世之前，而直到今天，冀朝鼎很大程度上依然还是一个传说。这个世界上，最厉害的读书人都没有名，名气对他们一文不值——办大事与出大名，完全是两码事。“是谁创造了人类世界？是我们劳动群众”。在现代世界上，正是因为觉悟这样的真理，正是沿着这样的道路，许多出身于“主人”阶层的少爷和少奶奶们，方才选择了与奴隶们站在一起，去创造新的历史，新的世界，创造中国共产党，创造人民当家作主的新中国。

革命，对于他们而言，就是一个自我扬弃的过程。

因为只有思想上坚定，行动上才能坚定，只有学问上坚实，影响才能深远。

如果说，20 世纪的中国，哪个读书人最厉害，那么，我个人认为是冀朝鼎。为什么？就凭他一部薄薄的小书——《中国历史上的基本经济区与水利事业的发展》。

三、统一与分裂

《中国历史上的基本经济区与水利事业的发展》，这部著作完成于 1926 年，1929 年在纽约出版——李约瑟曾经这样评论说，这是迄今为止，一切西文中关于中国历史发展方面的最卓越的著作。

一本小书，就压倒了“一切西文中关于中国历史发展方面最卓越的著作”——这个评价有多么崇高！

这本小书，高在哪里？就高在用马克思主义关于人类命运共同体的观点，去研究中国历史。

马克思主义的目标，是建立、保卫乃至重建人类命运共同体，而中国革命的目标——是为了中国的统一、独立和解放而斗争，是为了建立、保卫或者重建中华民族共同体而斗争。只不过，中国革命、马克思主义要建立的，不是黑格尔所说的那种共同体。并且马克思还认为，资本主义最大的问题，就是瓦解了历史上各种形式的人类命运共同体。

按照马克思主义的基本观点，现代中国的危亡，从根本上说，就是中华民族共同体的危亡，也只有通过重建中华民族共同体，才能战胜这种数千年未有之大变局。这是一部从马克思的“人类命运共同体”思想出发，阐释中国历史的杰作，它把马克思的“亚细亚所有制形式”讲得无比透彻。马克思说，从根本上说，人类是靠共同体而生存发展，而一个广土众民的共同体发展的基础，首在大型水利工程建设。为什么“统一”与“分裂”是中国历史的根本主题？为什么统一比分裂好？因为大的共同体比小的更有持久性。一个广土众民的大的共同体的基础是什么？为了回答这个问题，冀朝鼎提出了“中国基本经济区”的范畴。他指出：在传统中国那样一种零散的小农经济的条件下，统一的基础、中央集权的基础，就在于中央能够建设并有效控制基本经济区。所谓基本经济区建设，又主要是靠水利与交通的建设达成的，古代中国的统一与中央集权问题，被看成控制这样一种经济区的问题。所谓分裂与割据，一方面在于基本经济区的争夺，另一方面则在于地方建设造成的基本经济区的扩大与转移。占优势的经济区一旦确立，控制了基本经济区的首领，就获得了优越的物质利益而胜过与之竞争的其他集团，最后把国家统一起来。从中国历史发展来看，秦汉时期，中国的基本经济区在黄河中下游；三国、南北朝时期，四川与长江下游逐渐得以开发；隋唐时期，长江流域取得了基本经济区的地位，大运河同时也迅速发展；元明清三代，除了继承了上述基本经济区外，由于首都离基本经济区太远，遂有开发海河流域、京津冀地区的设想——但这个设想并没有真正得以实施。

古代中国的所谓国家能力，其实就是控制与建设上述基本经济区的能力。所谓“统一”与“分裂”的根源，大抵也在于此。基本经济区的存在，导致了土地制度与赋税方法的地理差异，影响了中国地区发展的不平衡，也造成了生产方式上的区别，在此基础上，土地制度、赋税与商业以及高利贷资本发展程度的差异得以形成。

冀朝鼎的这部杰作，当然是对马克思“亚细亚生产方式”理论的进一步完善，其核心观点，至今恐怕依旧难以超越。它深刻揭示出：唐宋以来，中国治理体系之要害，就在于长江流域基本经济区的建设与控制。从这样的角度看去，从王安石到顾炎武，一切改革之要旨，皆在增强官员（官僚体系）治理这一区域的能力。

同时，冀朝鼎的这部著作里面，还包含着一个更大的问题，这个问题就是元代以降，中国治理发生的重大变化。

元代以降，中国的版图极大地扩大了，北方草原文明被纳入进来，元代的治理体系，就是从治理草原地区的经验发展而来。明代则进一步有了“海国”的问题。到了清代，中国的治理体系终于包纳了居国、行国、海国三个方面。这样一来，元代以降，中国的治理问题，当然就不仅仅是增加对于基本经济区的治理能力的问题。王安石以降那个以发展经济为核心的问题，进一步成为魏源所谓如何统合居国、行国、海国之间动态平衡的问题。换句话说，中国的治理问题不仅是一个立足于基本经济区发展经济的问题，更是一个维护包纳以上三种生产方式的治理体系的内部复杂平衡的问题。维持这样庞大复杂的治理体系的运行，与增强基本经济区的治理能力，并不是一回事。

今天我们说所谓“治理能力”与“治理体系”不是一回事的意思，若追本求源，大致就在于此。

简而言之，唐宋以来中国治理的问题其实有两个：一个是增加国家的经济财政能力，其核心就是对基本经济区的建设与控制，我们可以把这个问题简称为“治理能力问题”。另一个则是维护三种生产方式之间的融合与平衡，用毛泽东的话来说，这里的关键，就是要处理好“沿海与内地”、中原与边疆之间的关系。《论十大关系》集中讨论的问题，可以简单地概括为“治理体系”问题。

从这个角度说，近代中国所面临的问题，不在于治理能力下降所导致的经济、生产力不发达的问题（实际上，清代的经济总量并不低），而在于治理体系瓦解造成的共同体分裂问题。

正是从这个意义上说，毛泽东的那个洞见是完全正确的——控制了中国的基本经济区，并不意味着就能够控制中国。中国长期历史发展的大势，并非是以居国去统治“行国”和“海国”，甚至不是以南方去控制北方，恰恰相反，中国发展的大势是以边疆包围中原，是以农村包围城市，是以北方的治理体系控制南方的经济区。毛泽东的视野超越孙中山、蒋介石，以及那些妄图统治中国的帝国主义者之处，庶几在此。

因此，冀朝鼎的论断，固然深刻揭示了传统中国治乱兴衰的要害，同时更重要的，则是面对和回答近代中国所面临的问题。帝国主义要控制的，恰恰也是上述中国的基本经济区，而且是从海洋方向进行控制，反过来说，就是清王朝控制海国的失败，导致了与海国密切联系的基本经济区治理的失败。正是帝国主义的侵略，造成了上述基本经济区的瓦解，导致了中国国家能力的衰败和中央集权的崩溃。因此，在帝国主义时代，任何企图重新控制中国基本经济区的政权，都不能不受帝国主义势力的控制，欲以此为基础建立中国政权，要么必须与帝国主义结盟，要么必须与地主阶级、官僚资产阶级结盟，这就只能走“半封建半殖民地道路”——除此之外，便没有出路。

持同样看法的人，就是钱穆，他在《中国历史上的地理与人物》里说，“今天中国，全为西方商业吸引，大家都跑向海边。但一到海边，便没有什么地方可走，粤人便向南洋海外跑，这亦是一种开创精神，对国内经济并有甚大助益。但究竟在外国境，非自己的殖民地，政府不能好好养护培植，如是则不免把民族精力浪掷了，许多天生的人才也白费了”。

那么，在基本经济区被从海洋方向控制的条件下，中国重新恢复国家能力的立足点，究竟何在呢？

要解决数千年未有之大变局，关键在于重建中国的大一统，即重建中华民族共同体，而这种重建，究竟应该从哪里入手呢？

无论是水利的、商业的、战争的，还是科技的、资本的——这一切不过都是手段。重建中华民族共同体，固然离不开长江基本经济区，但是，中国的现代处境又决定了，从这里入手是不行的。

重建中华民族共同体，出路在哪里?

真正回答了这个问题的是毛泽东领导的中国革命。

四、战争与游牧

与蒋介石和中国的历代统治者不同，毛泽东所关注的不是中国的基本经济区，而是基本经济区的边缘地带，以及基本经济区内部的“边缘人口”。与包括孙中山在内的近代革命者不同，毛泽东关注的不是“反清复明”这样的问题，他关注的是行国、居国、海国之间动态的平衡与不平衡。与此相关的，便是核心经济区内部的不平衡问题。

毛泽东的革命理论，当然与苏联的无产阶级城市暴动学说同样有很大的差异。实际上，他的思想起点，是通过突破马克思的“亚细亚生产方式”理论，极大地发展了马克思主义。简而言之，毛泽东的革命不仅是一场阶级革命，更是一场文明革命、文明复兴。毛泽东的革命，是为了恢复晚清之后瓦解了的中华文明的内在平衡而进行的革命。在毛泽东看来，正是因为这种平衡的瓦解，中国的传统治理体系解体了。

毛泽东很早认识到：中国的基本经济区并不是封闭的，而是一种开放的动态平衡体系。作为“居国”和用于定居的农耕区，其人口历来是流动的，其吸纳流动人口的能力是空前的，而规模最大的流动人口，是被称为“客家”的族群。客家是魏晋以来，在草原文明的挤压下，北方人口大规模南迁的一个持续性的结果。江西和福建是中国客家的重要落脚点，由于当地人占据了平原和平地，迁徙而来的客家人只能居住在山区，不得不在逼仄的山地求生。中国基本经济区的土地问题，在这两个群体的矛盾中得以集中和放大。

毛泽东领导的湘赣边界井冈山的斗争，当然是农民的土地革命，但更为确切地说，这也是以客家人为主体的土地革命，如果没有客家人的支持，“井冈山的斗争”几乎是不可能的。实际上，这一时期，中国共产党和红军内部出现的各种分歧，即使可以被视为路线斗争和路线分歧，但是，如果不考虑当时的党内、红军内部存在的当地人与客家人的矛盾问题，那么这种分歧和斗争就不能得以深刻地解释。

井冈山时期，毛泽东以“客家人（永新人）的女婿”的身份，成为红军的领袖。马克思主义与中国文化的结合，是一种真切的、血肉交融的结合。毛泽东不仅深刻认识到了中国基本经济区内部的不平衡问题，而且更为深刻地洞察了中国存在的三种生产方式的不平衡问题，这就是为什么随后的波澜壮阔的中国革命，基本上就是在基本经济区的边缘——

基本经济区与草原山地文明之间的接合带进行的，这也就有了举世瞩目的二万五千里长征从客家人的聚居区——赣南和闽西出发，穿越苗族、藏族地区，直达回族聚居的陕甘宁。

什么叫“地球上的红飘带”？ 建立在三种生产方式内在平衡基础上的中华文明在近代走向瓦解的时候，正是中国共产党人的长征，以一种难以想象的奇观，重新把草原山地文明与中国的基本经济区联系起来。如果借用魏源的话来说，这就是以革命战士的血肉之躯，把“居国”与“行国”重新凝聚为一个整体。中国共产党人的长征，纵横二万五千里，牺牲惨重，而正是这种惨重的牺牲，完成了破碎了的中华文明的重建。当毛泽东把长征称为宣言书、宣传队和播种机时，我们应该深思：怎样把长征视为中华文明内部的一次最伟大的革命。正是这场革命，导致了中华文明的重建，长征就是中华民族伟大复兴的写照。

1937 年，欧文 · 拉铁摩尔率领《美亚》杂志代表团访问延安，这个杂志就是冀朝鼎创办的，在访问过程中，拉铁摩尔与毛泽东谈到了“内亚”问题。

什么是“内亚”问题？ 从长期发展看，亚洲内陆是世界历史发展的发动机，这个地区的游牧民族的扩张，造成一种持续的压力和动力，而地中海文明和中华文明是在回应亚洲内陆游牧民族扩张的压力中发展着的——这就是著名的“内亚学说”。而拉铁摩尔的新婚旅行，就是沿着长城考察中国西北和蒙古地区。

在后来成为经典著作的《中国的亚洲内陆边疆》(*Inner Asian Frontier of China*)一书中(1940年出版),拉铁摩尔这样指出:中国共产党在中国大西北实行的联合少数民族反对日本帝国主义侵略的政策,其实是中国历代"王道"的延续,可以预见的是:中国共产党将可以通过联合少数民族,在驱逐日本帝国主义出中国的斗争中,先是占领中国广阔的边疆地区,然后如同当年的隋唐一样,以中国的"亚洲内陆边疆"为根据地,最终推翻盘踞中原和沿海的腐败统治者——一个新的、统一的中国将会形成,与此同时,内地与边疆之间互惠的、分享式的发展方式,将会得到重建。

1937年的延安之旅,拉铁摩尔的任务之一是充当美国的《美亚》杂志翻译,而1945年3月11日,正是由于《美亚》杂志刊发的一篇文章被麦卡锡指为泄密,该杂志受到搜查,当年的美国驻延安联络组组长约翰·S.谢伟思随即被捕,席卷美国的麦卡锡迫害运动从此开始。但是,这并没有阻挡拉铁摩尔"内亚"理论的传播,中国革命的胜利,在很大程度上,就是"内亚"理论的胜利。

有了这样的视野,我们就可以再来看转战陕北的意义。我坚信,我们的后人有一天终将会这样理解转战陕北的伟大历史意义。因为更为发人深思的是:1948年,当胡宗南进攻延安时,毛泽东再次率领中国共产党人转战陕北——他亲自带领的部队只有 800 多人，他们先是一路北行，几乎抵达内蒙古核心区的毛乌素沙漠，然后在陕北的佳县、吴堡东渡黄河，沿着山西一路疾行，最终到达西柏坡。这条道路，划出的正是北方草原文明与中原地区的分界线。

转战陕北，采用的是一种典型的“行国”——即蒙古游牧战争方式，是草原战争方式对中原战争方式的胜利。它是以没有后方、断掉后勤，因此高度机动的突击方式，击溃了高度依赖后勤辎重、高度依赖官僚程序，因此移动缓慢的敌人。

望长城内外，惟余莽莽，大河上下，顿失滔滔——毛泽东和共产党人，就是这样以骑马或徒步的革命，把草原文明与中原文明重新结合在一起，实现了这个接合带的革命化，特别是“长城地带”的革命化——它是长征造成的“地球上的红飘带”的延续与完成。

在这条道路上，作为马克思主义者的毛泽东，以徒步行军的方式，把马克思主义真理与中华文明结合起来，一步一个脚印地走出了光辉灿烂的中国道路。

中国革命当然是一场以农村包围城市的革命，但是，如果把波澜壮阔的长征与毛泽东转战陕北联系起来看，那么，波澜壮阔的中国革命，就是中华文明史的浓缩版。这是因为，从漫长的历史看，中华文明的形成，实际上就是草原山地文明包围基本经济区、占领基本经济区，最终形成一个新的治理体系的过程；是中华文明在这两大区域的融合中，不断走向复兴的过程。

我以为，《中国历史上的基本经济区与水利事业的发展》，要与毛泽东的《中国革命战争的战略问题》结合在一起读，那才能读得有味道。而读这上面两本书，只有把《精神现象学》《政治经济学批判（1857—1858年手稿）》作为“延伸阅读”，才能领会得深。

毛泽东说过，马克思主义不能挂在天上，而是要落在中国的土地上。马克思主义能够结出什么果实，要看我们脚下的土地。

黑格尔揭示了劳动创造历史的主题，而马克思则从水利与定居、战争与贸易、劳动、技术与资本几个方面，深刻描述了人类共同体的不同形式，而我们要深刻地理解这些艰深的理论，只有去深刻地理解伟大的中国革命与中国道路。

什么是“中国道路”？中国道路，就是“把学问写在中国大地上”。

文德尔班曾经调侃说：“今天，能够读懂黑格尔《精神现象学》的人，已经死绝了，而读过马克思的《政治经济学批判（1857—1858年手稿）》的人，读过《中国历史上的基本经济区与水利事业的发展》的人，也并不多”。

我们今天做学问，很难超过冀朝鼎的那本小书，我们办不了他那样的大事，现在的读书人，知道他的也很少——但我认为，他永远是我们学习和追随的榜样。这是因为他把自己的学问，把马克思主义，写在了中国的大地上。

大党大国，应该有大学问。

从大历史观看中国式现代化

孙正聿

哲学学者，国家哲学社会科学专家咨询委员会委员，曾任教育部哲学学科教学指导委员会主任，主要研究马克思主义哲学和哲学基础理论。

探索中国式现代化道路，不仅要诉诸近代以来的“历史向世界历史转变”的具有普遍性的历史进程，更要诉诸这个历史进程中的“东方从属于西方”的世界格局和近代以来的中国的历史境遇。离开这个前提性的历史境遇和历史条件，探讨中国式现代化，就失去了根本性的历史根据和现实基础。

“人民有信仰，民族有希望，国家有力量。”在一个国家、一个民族实现自己的现代化的过程中，总是蕴含这个国家、这个民族的梦想和追求，总要以这个国家、这个民族的价值理想、价值规范和价值导向为前进方向，总要以这个国家、这个民族的全体人民的价值期待、价值认同和价值取向为坚实基础。

《中共中央关于党的百年奋斗重大成就和历史经验的决议》指出，“党领导人民成功走出中国式现代化道路，创造了人类文明新形态”，我们要“以中国式现代化推进中华民族伟大复兴”。中国式现代化，不是国外现代化发展的翻版，而是“走自己的路”，坚持和发展中国特色社会主义的现代化。探索和阐释中国式现代化道路，最为重要的是以“历史向世界历史转变”的“大历史观”为出发点，从改变“东方从属于西方”的历史境遇和奋斗历程看中国式现代化，从实现“中华民族伟大复兴”的历史使命和现实基础看中国式现代化，从建设“中国特色社会主义”的创新实践和理论创造看中国式现代化，从创造“人类文明新形态”的世界意义和人类未来看中国式现代化。

一、从大历史观探索“中国式现代化”的重大理论问题

从大历史观看中国式现代化，向我们提出一系列重大的

理论问题：中国是否必须走现代化道路？中国的现代化是否只能走西方的现代化道路？中国为何能够创造现代化新道路？中国如何创造现代化新道路？中国式现代化道路如何创造人类文明新形态？

这些重大理论问题深层地蕴含着具有世界历史意义和关乎人类未来的重大理论问题："现代化"是抽象的普遍性还是具体的普遍性？如何看待实现"现代化"的历史条件和历史活动？如何看待"现代化"的技术性表征与价值性选择？如何看待"现代化"的思想内涵、时代内涵和文明内涵？如何看待"现代化"的资本主义文明与社会主义文明？如何看待"现代化"的后果与对"现代性"的反省？如何看待"现代化"的道路选择与人类文明形态的变革？

提出、探索和回答这些重大的理论问题，从"大历史观"上揭示"现代化"的思想内涵、时代内涵和文明内涵，特别是从"大历史观"上阐明中国式现代化的历史境遇和奋斗历程、中国式现代化的历史使命和现实基础、中国式现代化的创新实践和理论创造、中国式现代化的社会理想和世界意义，才能从理论上回应和回答人们最为关切的重大现实问题：中国式现代化为什么"不是国外现代化发展的翻版"？中国式现代化为什么必须"坚持中国共产党的坚强领导"？中国式现代化为什么必须"坚持把马克思主义基本原理同中国具体实际相结合、同中华优秀传统文化相结合"？中国式现代化为什么必须致力于“更为完善的制度保证、更为坚实的物质基础、更为主动的精神力量”？中国式现代化为什么必须“推动物质文明、政治文明、精神文明、社会文明、生态文明协调发展”？中国式现代化为什么具有弘扬“全人类共同价值”“推动历史车轮向着光明的目标前进”的关乎人类未来的世界历史意义？这就要求我们从中国特色社会主义的理论和实践中，以理论思维的洞察力捕捉、发现和提出重大现实问题中所蕴含的重大理论问题，不断地“提炼出有学理性的新理论，概括出有规律性的新实践”，从理论上赋予中国式现代化以更为坚实和充满活力的思想内涵、时代内涵和文明内涵。

二、从改变“东方从属于西方”的历史境遇和奋斗历程看中国式现代化

“现代化”不是抽象的普遍性，而是人的历史性活动的产物，是人类文明的特定历史形态的存在方式。这意味着，从理论上把握“现代化”，首先需要从普遍性与特殊性的辩证关系看待“现代化”，特别是从实现“现代化”的历史活动与历史条件的辩证关系看待“中国式现代化”：从人类文明的特定历史形态看，“现代化”具有特定的思想内涵、时代内涵和文明内涵，因而具有世界的普遍性；从人的历史性

活动的产物看，“现代化”又是不同国家在特定的历史境遇和历史条件下，以自己选择的道路和方式所实现的现代化，因而实现什么样的现代化和怎样实现现代化并没有“定于一尊”的固定模式。

从世界的普遍性看，“现代化”的过程就是人类社会从传统的农业社会向现代的工业社会转变的过程，是“历史向世界历史转变”过程，是世界上的各个国家和各个民族被“世界市场的力量的支配”过程。“现代化”过程改变了人类的生产方式和人类的社会结构，改变了人们的社会关系和生活方式，也改变了人们的世界图景、思维方式和价值观念，构成了作为“现实的历史”的资本主义的现代文明。这意味着，“现代化”过程本身就具有特定的历史性内涵。在《共产党宣言》中，马克思恩格斯就明确指出：“资产阶级，由于开拓了世界市场，使一切国家的生产和消费都成为世界性的了。”“过去那种地方的和民族的自给自足和闭关自守状态，被各民族的各方面的互相往来和各方面的互相依赖所代替了。”

然而，这个“历史向世界历史转变”的“现代化”过程，并不是抽象的世界历史进程，而是资产阶级“迫使一切民族”“采用资产阶级的生产方式”，“在自己那里推行所谓的文明”，也就是按照资产阶级“自己的面貌为自己创造出一个世界”。这个“世界”，不仅“使农村从属于城市”，而且“使未开化和半开化的国家从属于文明的国家，使农民的民族从属于资产阶级的民族，使东方从属于西方”。这又意味着，“现代化”进程把世界分裂为现代化的“西方”和从属于西方的“东方”。“从属于西方”的“东方”国家如何实现“现代化”，这不仅是所有“东方”国家面对的根本性问题，而且是全人类共同创造一个“新世界”的根本问题。

对于近代以来的中国而言，“东方从属于西方”的世界格局，这是中国实现“现代化”的最具根本性的历史境遇。马克思说：“人们自己创造自己的历史，但是他们并不是随心所欲地创造，并不是在他们自己选定的条件下创造，而是在直接碰到的、既定的、从过去承继下来的条件下创造。”近代以来的中国，是在“东方从属于西方”的世界格局和历史境遇中寻求现代化道路，因此，探索中国式现代化道路，不仅要诉诸近代以来的“历史向世界历史转变”的具有普遍性的历史进程，更要诉诸这个历史进程中的“东方从属于西方”的世界格局和近代以来的中国的历史境遇。离开这个前提性的历史境遇和历史条件，探讨中国式现代化，就失去了根本性的历史根据和现实基础。

“东方从属于西方”的近代以来的中国历史境遇，从根本上说，就是“1840 年鸦片战争以后，中国逐步成为半殖民地半封建社会，国家蒙辱、人民蒙难、文明蒙尘，中国人民和中华民族遭受了前所未有的劫难”。正是这种历史境遇，决定了中国的现代化不能不首先是“拯救民族危亡”，实现国家的独立和国家的富强。然而，近现代中国接连而起的太平天国运动、洋务运动、戊戌变法、义和团运动、辛亥革命，以及这一过程中轮番出台的各种救国方案，却都以失败而告终。这意味着，中华民族要实现国家独立和国家富强，必须找到新的思想和道路。在“历史向世界历史转变”中的20世纪初叶，列宁领导的十月革命给中国送来了马克思列宁主义。“中国产生了共产党，这是开天辟地的大事变，深刻改变了近代以来中华民族发展的方向和进程，深刻改变了中国人民和中华民族的前途和命运，深刻改变了世界发展的趋势和格局”。因此，探索中国式现代化，不仅必须诉诸近代以来的中国“东方从属于西方”的历史境遇，而且必须诉诸中国共产党团结带领中国人民彻底改变这种历史境遇的奋斗历程，诉诸中国共产党领导的新民主主义革命的胜利所创造的实现中国式现代化的“根本社会条件”。

“东方从属于西方”的近代以来的中国历史境遇，决定了中国社会的半殖民地半封建的社会性质和“三座大山”的压迫，是中国实现现代化的最大障碍，而改变这种半殖民地半封建的社会性质和推翻“三座大山”，只能走社会主义道路。因此，中国式现代化必须以实现社会主义的方式实现中国的现代化。中国共产党团结带领中国人民，经过百折不挠的浴血奋战，推翻了帝国主义、封建主义、官僚资本主义三座大山，建立了人民当家作主的中华人民共和国，实现了民族独立、人民解放，结束了旧中国半殖民地半封建社会的历史，改变了近代以来的中国“东方从属于西方”的历史境遇。这是中国实现“现代化”的“根本社会条件”。新中国成立以来，经过三年国民经济恢复时期，完成了社会主义“三大改造”，确立了社会主义制度，实施了第一个五年计划，建立了较为完整的社会主义工业化体系，对社会主义现代化作出了一系列构想，逐步形成了实现“四个现代化”的宏伟蓝图，即把中国建设成具有现代农业、现代工业、现代国防和现代科学技术的社会主义强国。改革开放以来，中国共产党人对中国实现社会主义现代化进行新的创造性探索，形成了中国式现代化的新理念，确立了中国现代化的总目标，设计了中国现代化的战略步骤，开拓了中国特色社会主义现代化新道路。这表明，中国式现代化既是以中国共产党领导的新民主主义革命的胜利所实现的民族独立、人民解放为“根本社会条件”，又是以实现中华民族伟大复兴为目标的从“站起来”“富起来”到“强起来”的历史进程为实质内容。中国创造的现代化新道路，中国创造的人类文明新形态，奠基于和实现于具有世界历史意义的中国改变“东方从属于西方”的伟大实践之中。从中国特色社会主义的伟大实践中“提炼出有学理性的新理论”和“概括出有规律性的新实践”，这是阐释中国式现代化道路的现实基础，也是回应和回答关于中国式现代化的全部重大现实问题的理论使命。

三、从建设“中国特色社会主义”的创新实践和理论创造看中国式现代化

中国式现代化，不是资本主义的现代化，不是“东方从属于西方”的现代化，而是建设“社会主义强国”的现代化，实现“中华民族伟大复兴”的现代化，推进“人的全面发展”的现代化。因此，中国式现代化，必须是开辟“新道路”的现代化，创造文明“新形态”的现代化。中国式现代化创造的“新道路”“新形态”，就是建设“中国特色社会主义”的现代化。

“中国特色社会主义”的现代化，从根本上说，是以马克思主义为指导思想建设社会主义强国的现代化，是为建设社会主义强国不断提供完善的制度保证、更为坚实的物质基础和更为主动的精神力量的现代化，是推动物质文明、政治文明、精神文明、社会文明和生态文明协调发展的现代化，是“构建人类命运共同体”和推进“人的全面发展”的现代化，因此是创造现代化新道路和创造人类文明新形态的现代化。完善的制度保证、坚实的物质基础和主动的精神力量，是中国特色社会主义的创新实践，也是中国特色社会主义创造的现代化新道路。

中国特色社会主义创造的现代化新道路，首先是创造了“社会主义现代化”的新道路，创造了以建立、巩固、完善社会主义制度为制度基础的现代化新道路。一个国家选择什么样的国家制度和国家治理体系，是由这个国家的历史文化、社会性质、经济发展水平决定的。推动一个国家实现现代化，并不只有西方模式这一条路，各个国家完全可以走出自己的道路。毛泽东曾说过：“自从中国人学会了马克思列宁主义以后，中国人在精神上就由被动转入主动。”这个“精神上的主动”，就是探索中国现代化的新道路。“只有社会主义才能救中国，只有社会主义才能发展中国”，这是中国式现代化的方向和道路，也是中国式现代化的最为坚实的制度基础。

习近平总书记指出，在建设社会主义现代化强国的伟大实践中，“我们党深刻认识到，实现中华民族伟大复兴，必须建立符合我国实际的先进社会制度”。新中国成立以来，中国共产党团结带领人民完成社会主义革命，确立了社会主义基本制度，为当代中国的一切发展进步奠定了根本政治前提和制度基础。“改革开放是我们党的一次伟大觉醒，正是这个伟大觉醒孕育了我们党从理论到实践的伟大创造。”改革开放实现了新中国成立以来党的历史上具有深远意义的伟大转折，确立了党在社会主义初级阶段的基本路线，实现了从高度集中的计划经济体制到充满活力的社会主义市场经济体制、从封闭半封闭到全方位开放的历史性转变，不仅坚持和巩固了社会主义基本制度，而且为发挥社会主义的制度优势提供了充满新的活力的体制保证。党的十八大以来，以习近平同志为核心的党中央，深刻回答了新时代坚持和发展什么样的中国特色社会主义、怎样坚持和发展中国特色社会主义这个重大时代课题，形成了习近平新时代中国特色社会主义思想，推动党和国家事业发生历史性变革、取得历史性成就，为建设社会主义现代化强国和实现中华民族伟大复兴提供了更为完善的制度保证、更为坚实的物质基础、更为主动的精神力量。“中国特色社会主义是党和人民历经千辛万苦、付出巨大代价取得的根本成就，是实现中华民族伟大复兴的正确道路。”中国式现代化，是坚持和发展中国特色社会主义的现代化；中国式现代化道路，是坚持和发展中国特色社会主义制度优势的现代化新道路。

中国特色社会主义创造的现代化新道路，是在发挥社会主义制度优势的伟大实践中，不断地解放和发展生产力，推动物质文明、政治文明、精神文明、社会文明、生态文明协调发展，创造人类文明新形态的现代化新道路。中国共产党领导中国人民进行社会主义革命和推进社会主义建设，实现了一穷二白、人口众多的东方大国大步迈进社会主义社会的伟大飞跃。在改革开放和社会主义现代化建设的新征程中，实现了从生产力相对落后的状况到经济总量跃居世界第二的历史性突破，实现了人民生活从温饱不足到总体小康、奔向全面小康的历史性跨越。在中国共产党成立 100 周年之际，“我们实现了第一个百年奋斗目标，在中华大地上全面建成了小康社会，历史性地解决了绝对贫困问题，正在意气风发向着全面建成社会主义现代化强国的第二个百年奋斗目标迈进”。

中国特色社会主义创造的现代化新道路，是在发挥社会主义制度优势中，践行以人民为中心的发展思想，推动人的全面发展和实现全体人民共同富裕的现代化新道路。“人民对美好生活的向往，就是我们的奋斗目标。”人是生理的、心理的、伦理的存在，人民所向往的美好生活，在最朴实的意义上，就是比较充裕的物质生活对人的生理需要的满足，比较充实的精神生活对人的心理需要的满足，比较和谐的社会生活对人的伦理需要的满足。满足人民的需要，实现人民对美好生活的向往，“发展是解决我国一切问题的基础和关键”。党的十一届三中全会以来，党和国家工作中心转移到经济上来，确立了社会主义市场经济体制的改革目标和基本框架，确立了社会主义初级阶段的基本经济制度和分配制度，开创了改革开放和社会主义现代化建设新局面。党的十九大明确提出：“中国特色社会主义进入新时代，我国社会主要矛盾已经转化为人民日益增长的美好生活需要和不平衡不充分的发展之间的矛盾。”着力解决好发展不平衡不充分问题，大力提升发展质量和效益，更好地满足人民在经济、政治、文化、社会、生态等方面日益增长的需要，更好地推动人的全面发展和社会的全面进步，构成了创新、协调、绿色、开放、共享的新发展理念。新发展理念集中地体现了中国式现代化道路的思想内涵、时代内涵和文明内涵，推进了我国物质文明、政治文明、精神文明、社会文明、生态文明协调发展，创造了人类文明新形态。

中国特色社会主义创造的现代化新道路，是在发挥社会主义制度优势中，尊重人民首创精神，发挥人民的主动的精神力量，实现中华民族伟大复兴的中国的现代化新道路。“一个国家，一个民族，要同心同德迈向前进，必须有共同的理想信念、共同的思想基础作支撑。”“人民有信仰，民族有希望，国家有力量。”在一个国家、一个民族实现自己的现代化的过程中，总是蕴含这个国家、这个民族的梦想和追求，总要以这个国家、这个民族的价值理想、价值规范和价值导向为前进方向，总要以这个国家、这个民族的全体人民的价值期待、价值认同和价值取向为坚实基础。建设中国特色社会主义，实现中华民族伟大复兴，不仅是全体中国人民“我们到底要什么”的共同的社会理想和价值导向，而且是“我到底要什么”的每个人的价值期待、价值认同和价值取向，因此激发出全体人民的更为主动的精神力量。“中华文化源远流长，积淀着中华民族最深层的精神追求，代表着中华民族独特的精神标识，为中华民族生生不息、发展壮大提供了丰厚滋养。”中国人民对中华文明的文化自信，是“走自己的路”，创造中国式现代化道路的更基本、更深沉、更持久的精神力量，为坚持中国道路、弘扬中国精神、凝聚中国力量、走出中国式现代化道路和创造人类文明新形态，不断地激发出更为主动的精神力量。正是这种不断地转化为“物质力量”的“精神力量”，创造了令世界瞩目的“中国奇迹”。

四、从创造“人类文明新形态”的世界意义和人类未来看中国式现代化

中国式现代化道路，对世界历史和人类未来具有双重的重大意义：从实现世界性的现代化看，特别是从改变“东方从属于西方”的世界历史进程看，中国式现代化道路，在中华大地上全面建成了小康社会，历史性地解决了绝对贫困问题，给世界上那些既希望加快发展又希望保持自身独立性的国家和民族提供了全新选择，为解决人类问题贡献了中国智慧和中国方案。从解决世界性的现代性问题看，中国式现代化道路，“意味着科学社会主义在21世纪的中国焕发出强大生机活力，在世界上高高举起了中国特色社会主义伟大旗帜”，赋予现代化以社会主义的新的思想内涵、时代内涵和

文明内涵，创造了人类文明新形态。

世界性的现代化历史进程，全面地、深刻地改变了人与世界的关系，不仅推进了人类文明的巨大发展，而且构成了人类文明进程中的巨大问题。从人与自然关系看，现代化所构成的最为严峻和最为紧迫的人类性问题，是以“大量生产、大量消费、大量废弃”所造成的生态问题为主要标志的可持续发展问题；从人与社会关系看，现代化所构成的最为严峻和最为紧迫的人类性问题，是由资本的逻辑所造成的人依赖于物的“异化”问题和日益深化的两极分化问题；从人与自我关系看，现代化所构成的最为严峻和最为紧迫的人类性问题，是由信仰的危机所构成的“没有标准的选择的生命中不能承受之轻的存在主义的焦虑”问题和日益蔓延的极端主义倾向问题；从国家与国家的国际关系看，现代化所构成的最为严峻和最为紧迫的人类性问题，则是由于某些发达国家的霸权主义和强权政治所造成的对“和平与发展”的全人类共同价值的威胁问题。世界历史进程中的现代化问题，迫切要求创造现代化新道路、创造人类文明新形态。中国式现代化所关乎人类未来的世界意义，就在于创造了现代化新道路，创造了人类文明新形态。

中国式现代化的世界意义，首先就在于中国共产党以马克思主义为指导思想，坚持和发展中国特色社会主义，走出了中国式现代化道路，创造了推进社会全面进步和人的全面发展的人类文明新形态。坚持和发展马克思主义，是坚持和发展中国特色社会主义、走出中国式现代化道路的活的灵魂。对于整个人类来说，最为重大和最为艰巨的理论问题，莫过于发现人类社会的发展规律；对于现代人类而言，最为重大和最为艰巨的理论问题，莫过于发现现代资本主义的运动规律，实现人类文明形态的大变革。作为人类文明史上伟大的思想家，马克思不仅“发现”了人类历史的发展规律和资本主义的运动规律，而且以这“两大发现”为根基提出争取“人类解放”和实现“人的全面发展”的伟大社会理想，并为人民指明了实现自由和解放的现实道路。马克思主义的巨大的现实力量就在于，它赋予人民群众的历史创造活动以最坚定的理想信念，它赋予世界性的社会主义运动以最坚实的理论支撑，它赋予人类文明形态变革以规律性的道路指引。“马克思的思想理论源于那个时代又超越了那个时代，既是那个时代精神的精华又是整个人类精神的精华。”离开马克思主义，就无法形成真实而远大的社会理想和价值诉求，就会失去创造人类文明新形态的规律性的道路指引，就会失去凝聚力量和走向未来的理论支撑，就不可能站在创造现代化新道路的真理和道义的制高点上。中国式现代化的最坚实的理论根基，就是依据马克思所揭示的人类社会发展的客观规律，在解决生产力与生产关系、经济基础与上层建筑的矛盾中不断推进社会的全面进步和人的全面发展。“中国共产党为什么能，中国特色社会主义为什么好，归根到底是因为马克思主义行！”中国式现代化，从根本上说，是以马克思主义为指导思想的社会主义现代化，是以马克思主义为理论基础的实现人民对美好生活向往的现代化，因而是站在真理和道义的制高点上的现代化。正是坚持和发展以马克思主义为指导思想的中国特色社会主义，中国不仅从根本上改变了“东方从属于西方”的世界格局，实现了从“站起来”“富起来”到“强起来”的历史性跨越，而且为解决世界性的现代化问题不断地“提炼出有学理性的新理论”和“概括出有规律性的新实践”，走出中国式现代化道路，创造了人类文明新形态。

中国式现代化的世界意义，在于它以文明协调发展的新发展理念，创造了推进社会全面进步和人的全面发展的人类文明新形态。恩格斯曾经这样总结人类的历史和预见人类的未来：“人离开狭义的动物越远，就越是有意识地自己创造自己的历史，未能预见的作用、未能控制的力量对这一历史的影响就越小，历史的结果和预定的目的就越加符合。”对此，恩格斯又进一步指出：“如果说我们需要经过几千年的劳动才多少学会估计我们的生产行为的较远的自然影响，那么我们想学会预见这些行为的较远的社会影响就更加困难得多了。”为此，我们就必须对“直到目前为止的生产方式，以及同这种生产方式一起对我们的现今的整个社会制度实行完全的变革”。中国式现代化的重大世界意义和历史意义就在于，它以文明协调发展的新发展理念，不仅充分地估计人类行为在自然方面的较远的影响，而且充分地估计人类行为在社会方面的较远的影响，从而自觉地实现“历史的结果和预定的目的”的“符合”。中国式现代化与西方发达国家现代化的一个重大区别就在于，“西方发达国家是一个‘串联式’的发展过程，工业化、城镇化、农业现代化、信息化顺序发展，发展到目前水平用了二百多年时间。我们要后来居上，把‘失去的二百年’找回来，决定了我国发展必然是一个‘并联式’的过程，工业化、信息化、城镇化、农业现代化是叠加发展的”。在中国式现代化的“叠加发展”中，最为主要的是不断地推进物质文明、政治文明、精神文明、社会文明、生态文明协调发展，凝练形成了引领中国现代化的“两个文明”的协调发展理念、“三位一体”的持续发展理念、“四位一体”的科学发展理念、“五位一体”的新发展理念，走出一条生产发展、生活富裕、生态良好的文明发展道路。发展理念是战略性、纲领性、引领性的东西，是发展思路、发展方向、发展着力点的集中体现。创新、协调、绿色、开放、共享的新发展理念所引领的新的文明发展道路，深刻地蕴含着“和平、发展、公平、正义、民主、自由的全人类共同价值”，不仅是推动社会全面进步之路，也是实现人的全面发展之路，也就是实现人民对美好生活向往之路。

在关于“历史向世界历史转变”的论述中，马克思恩格斯深刻地指出：“每一个单个人的解放的程度是与历史完全转变为世界历史的程度一致的。”中国式现代化道路，以推进社会的全面进步和人的全面发展为实质内容，赋予“现代化”以中国式现代化的新的思想内涵、时代内涵和文明内涵，不仅创造了人类文明的新形态，而且塑造和引导了人类走向未来的新的时代精神。因此，从大历史观看，中国式现代化道路，不仅具有现实的世界意义，而且具有深远的关乎人类未来的世界意义。

注　释

五千年不断裂的中华文明

①[美]路易斯·亨利·摩尔根:《古代社会》，杨东莼、马雍、马巨译，商务印书馆1977年版，第11页。

② 戈登·柴尔德:《城市革命》，中国历史博物馆考古部编:《当代国外考古学理论与方法》，三秦出版社1991年版，第2页。

③《马克思恩格斯选集》第4卷，人民出版社2012年版，第193页。

④ 易建平:《文明与国家起源新解——与范毓周、王震中等学者商榷》,《中国社会科学报》2011年8月11日第5版。

⑤ 夏鼐:《中国文明的起源》，文物出版社1985年版，第79页。

⑥ 王宇信:《新中国甲骨学六十年》，中国社会科学出版社2013年版，第4—5页。

⑦ 王国维:《观堂集林》(二)，中华书局1959年版，第411、435页。

⑧ 夏商周断代工程专家组:《夏商周断代工程1996—2000年阶段性成果报告(简本)》，世界图书出版社2000年版，第86页。

⑨ 中华人民共和国科学技术部、国家文物局编:《早期中国》，文物出版社2009年版，第35—37页。

⑩ 冯时:《〈保训〉故事与地中之变迁》,《考古学报》2015年第2期。

⑪ 中国社会科学院考古研究所编著:《中国考古学·新石器时代卷》，中国社会科学出版社2010年版，第555、802页。

⑫ 袁广阔:《后岗二期文化与早期夏文化探索》,《光明日报》2016年1月3日第11版。

⑬ 韩建业:《庙底沟时代与“早期中国”》,《考古》2012年第3期。

⑭ 韩建业：《早期中国——中国文化圈的形成和发展》，上海古籍出版社 2015 年版，第 79 页。

⑮ 河南省文物考古研究所等：《河南新密市古城寨龙山文化城址发掘简报》，《华夏考古》2002 年第 2 期。

⑯ 王震中：《中国古代国家的起源与王权的形成》，中国社会科学出版社 2013 年版，第 337 页。

⑰ 李玉洁：《中国古史传说的英雄时代》，科学出版社 2010 年版，第 91 页。

⑱ 王震中：《中国文明起源的比较研究》，陕西人民出版社 1998 年版，第 218 页。

⑲ 安金槐：《登封王城岗遗址的发掘》，《文物》1983 年第 3 期。

⑳ 严文明：《中国史前文化的统一性与多样性》，《文物》1987 年第 3 期。

㉑ 严文明：《文明起源研究的回顾与思考》，《文物》1990 年第 10 期。

㉒ 苏秉琦、殷玮璋：《关于考古学的区系类型问题》，《文物》1981 年第 5 期。

㉓ 秦益成：《考古学研究与马克思主义指导——访中国社会科学院学部委员、考古研究所原所长刘庆柱》，《马克思主义研究》2014 年第 9 期。

㉔ 刘庆柱：《从考古走进历史》，中国文史出版社 2019 年版，第 8—9 页。

㉕ 马克思：《资本论》第 1 卷，人民出版社 2004 年版，第 423 页。

㉖ 刘庆柱：《考古学文化与中原地区的古代文明形成》，河南省文物考古研究所编：《华夏文明的形成与发展——河南省文物考古研究所建所五十周年庆祝会暨华夏文明的形成与发展学术研讨会论文集》，大象出版社 2003 年版，第 29 页。

㉗ 李伯谦：《中国古代文明演进中的两种模式》，《文明探源与三代考古论集》，文物出版社 2011 年版，第 50、51、“前言”3 页。

㉘ 赵辉：《中国的史前基础——再论以中原为中心的历史趋势》，《文物》2006 年第 8 期。

㉙ 方诗铭、王修龄辑证:《古本竹书纪年辑证》，上海古籍出版社2005年版。

㉚《中国大百科全书·中国历史》，中国大百科全书出版社1994年版，第1079—1096页。

㉛《史记》卷28《封禅书》，中华书局1959年版，第1364页。

㉜ 田亚岐:《血池遗址考古发现与秦人祭祀文化的认知》,《光明日报》2019年1月7日第14版。

㉝《史记》卷6《秦始皇本纪》，第260页。

㉞《史记》卷8《高祖本纪》，第350页。

㉟《汉书》卷6《武帝纪》，中华书局1962年版，第189页。

㊱《魏书》卷3《太宗纪》，上海古籍出版社1985年版，第2179页。

㊲《魏书》卷2《太祖纪》，第2177页。

㊳《唐会要校正》卷22，三秦出版社2012年版，第370页。

㊴《宋大诏令集》卷156，中华书局1962年版，第585页。

㊵《元史》卷77《祭祀志》，上海古籍出版社1985年版，第7453页。

㊶《唐会要校正》卷22之《前代帝王》，第369—371页。

㊷《明史》卷50《礼志四》，中华书局1974年版，第1292页。

㊸《明史》卷50《礼志四》，第1291—1294页。

㊹ 许伟:《历代帝王庙的来龙去脉》,《光明日报》2013年8月21日。

㊺ 金力 、李辉、文波等:《遗传学证实汉文化的扩散源于人口扩张》,《自然》2004年第431卷，第302—304页。

㊻ 李辉、金力编著:《Y染色体与东亚族群演化》，上海科学技术出版社2015年版，第120页。

㊼ 高凯军:《论中华民族——从地域特点和长城的兴废看中华民族的起源、形成与发展》，文物出版社2014年版，第256页。

㊽ 内蒙古文物考古研究所、赤峰市博物馆、阿鲁科尔沁旗文物管理所:《辽耶律羽之墓发掘简报》,《文物》1996年第1期。

㊾ 袁海波、李宇峰:《辽代汉文〈永清公主墓志〉考释》,《中国历史文物》2004年第5期。

⑩ 高凯军：《论中华民族——从地域特点和长城的兴废看中华民族的起源形成与发展》，文物出版社 2014 年版，第 260 页。
⑤1 高凯军：《通古斯族系的兴起》，中华书局 2012 年版，第 27、272 页。
⑤2 颜维琦、曹继军：《我学者揭示汉藏语系起源于中国北方——可能与仰韶文化及马家窑文化的发展有着密切关系》，《光明日报》2019 年 4 月 25 日，第 11 版。（复旦大学金力团队：《汉藏语起源于新石器晚期中国北方的谱系发生学证据》，《自然》2019 年第 569 卷，第 112—115 页）
⑤3 袁义达、张诚：《中国姓氏：群体遗传和人口分布》，华东师范大学出版社 2002 年版，第 1 页。
⑤4 刘文学：《建设华人寻根圣地 传承华夏历史文明》，载张新斌、刘五一主编：《黄帝与中华姓氏》，河南人民出版社 2013 年版，第 230—231 页。
⑤5《史记》卷 1《五帝本纪》，第 28 页。
⑤6《史记》卷 1《五帝本纪》："嫘祖为黄帝正妃，生二子，其后皆有天下：其一曰玄嚣，是为青阳。"索隐案："皇甫谧以青阳为少昊。"（第 10 页）
⑤7《史记》卷 5《秦本纪》，第 173 页。
⑤8《晋书》卷 112《苻洪载记》，中华书局 1974 年版，第 2867 页。
⑤9《史记》卷 2《夏本纪》，第 89 页。
⑥0《晋书》卷 116《姚弋仲载记》："禹封舜少子于西戎，世为羌酋。"（第 2959 页）
⑥1《史记》卷 40《楚世家》，第 1698 页。
⑥2《史记》卷 41《越王勾践世家》，第 1739 页。
⑥3《史记》卷 110《匈奴列传》，第 2879 页。
⑥4 袁珂校注：《山海经校注》卷 11《大荒西经》，上海古籍出版社 1980 年版，第 395 页。
⑥5《晋书》卷 124《慕容云载记》，第 3108 页。
⑥6《北史》卷 1《魏本纪》，中华书局 1974 年版，第 1 页。

⑥⑦ 高凯军：《论中华民族——从地域特点和长城的兴废看中华民族的起源形成与发展》，第256—260、289—295页。

⑥⑧ 张博泉、魏存成主编：《东北古代民族考古与疆域》，吉林大学出版社1998年版，第71页。

⑥⑨ 张广智等：《大嵩山——华夏历史文明核心的文化解读》，大象出版社2016年版，第265页。

⑦⓪《清史稿》卷1《太祖本纪》，中华书局1976年版，第1页。

⑦① 中国社会科学院考古研究所编：《新中国的考古发现和研究》，文物出版社1984年版，第41页。

⑦②《史记》卷1《五帝本纪》，第6页。

⑦③《马克思恩格斯选集》第4卷，人民出版社2012年版，第181页。

⑦④ 王国维：《殷周制度论》，《观堂集林》第2册，中华书局1959年版，第451页。

⑦⑤ 何驽：《尧都何在？——陶寺城址发现的考古指证》，《史志学刊》2015年第2期。王震中：《中国文明起源的比较研究》，中国社会科学出版社2013年版，第308—322页。

⑦⑥ 中国社会科学院考古研究所山西队、山西省考古研究所、临汾市文物局：《陶寺城址发现陶寺文化中期墓葬》，《考古》2003年第9期。

⑦⑦ 李学勤主编：《清华大学藏战国竹简（壹）》下册，中西书局2010年版，第143、145页。

⑦⑧ 参见冯时：《文明以止：上古的天文、思想与制度》，中国社会科学出版社2018年版，第174—176页。

⑦⑨ 李学勤主编：《清华大学藏战国竹简（壹）》，中西书局2010年版，上册第55—60页，下册第142—143页。

⑧⓪ 刘庆柱主编：《中国古代都城考古发现与研究》（上），社会科学文献出版社2016年版，第57—59、60—70、71—82、83—96页。

⑧①《史记》卷4《周本纪》，第133页。

⑧② 马承源：《何尊铭文初释》，《文物》1976年第1期。

⑧③《毛诗正义》卷17，载（清）阮元校刻：《十三经注疏》（上册），

中华书局1980年版，第548页。

㉞《史记》卷1《五帝本纪》，第30、31页。

㉟《元一统志》记载："天德三年，海陵意欲徙都于燕。上书者咸言上京临潢府僻在一隅，官艰于转漕，民难于赴愬，不如都燕，以应天下之中。"（中华书局1966年版）

86 宋德金：《金中都的历史地位》，《光明日报》2003年11月11日第3版。

87 刘庆柱：《中国古代都城考古学研究的几个问题》，《考古》2000年第7期。

88 刘庆柱：《中国古代宫城考古学研究的几个问题》，《文物》1998年第3期。刘庆柱：《关于中国古代宫殿遗址考古的思考》，《考古与文物》1999年第6期。

89 中国社会科学院考古研究所编著：《殷墟的发现与研究》，科学出版社1994年版，第100—112页。

90 刘庆柱、李毓芳：《西汉十一陵》，陕西人民出版社1987年版，第162—164页。

91 刘庆柱：《关于西汉帝陵形制诸问题探讨》，《考古与文物》1985年第5期。

92 中国社会科学院考古研究所编著：《中国考古学·秦汉卷》，中国社会科学出版社2010年版，第238页。

93 大同市博物馆、山西省文物工作委员会：《大同方山北魏永固陵》，《文物》1978年第7期。张庆捷：《北魏永固陵的调查与探讨》，《洛阳汉魏陵墓研究论文集》，文物出版社2009年版，第122—133页。

94 中国社会科学院考古研究所、河北省文物研究所：《河北磁县湾漳北朝墓》，《考古》1990年第7期。

95 陕西省考古研究所、咸阳市考古研究所：《北周武帝孝陵发掘简报》，《考古与文物》1997年第2期。

96 刘庆柱、李毓芳：《陕西唐陵调查报告》，《考古学集刊》第5集，中国社会科学出版社1987年版。

⑨7 郭湖生、戚德耀、李容淦:《河南巩县宋陵调查》,《考古》1964年第11期。

⑨8 中国社会科学院考古研究所内蒙古第二工作队、内蒙古文物考古研究所:《内蒙古巴林左旗辽代祖陵陵园遗址》,《考古》2019年第7期。

⑨9 刘毅:《中国古代物质文化史·陵墓》,开明出版社2016年版,第243—255页。

⑩0 北京市文物研究所金陵考古工作队:《北京房山区金陵遗址的调查和发掘》,《考古》2004年第2期。

⑩1 崔文印校正:《大金国志校正》之"附录三",中华书局1986年版,第613页。

⑩2 宋大川主编:《北京考古发现与研究·1949—2009》(下),科学出版社2009年版,第369—370页。

⑩3 北京市文物研究所:《元铁可父子墓和张弘纲墓》,《考古学报》1986年第1期。

⑩4 刘庆柱、李毓芳:《陵寝史话》,社会科学文献出版社2011年版,第164页。

⑩5 尹德文:《清太宗、皇太极火葬考略》,《故宫博物院院刊》1985年第1期。

⑩6《春秋左传》卷18,载(清)阮元刻校:《十三经注疏》(下册),中华书局1990年版,第1839页。

⑩7 中国社会科学院考古研究所河南一队:《1979年裴李岗遗址发掘报告》,《考古学报》1984年第1期。

⑩8《史记》卷28《封禅书》,第1392页。

⑩9《春秋公羊传》卷4,载(清)阮元刻校:《十三经注疏》(下册),中华书局1980年版,第2214页。

⑪0《春秋左传》卷21,载(清)阮元刻校:《十三经注疏》(下册),第1886页。

⑪1《史记》卷70《张仪列传》,第2282页。

⑪2《史记》卷6《秦始皇本纪》,第248页。

⑪3《汉书》卷6《武帝纪》，第182页。

⑪4 张新斌、刘五一主编：《黄帝与中华姓氏》，河南人民出版社2013年版，第95—109页。

⑪5《史记》卷2《夏本纪》，第77页。

⑪6《礼记》卷30，载（清）阮元刻校：《十三经注疏》（下册），第1483页。

⑪7 烟台博物馆：《烟台市芝罘岛发现一批文物》，《文物》1976年第8期。

⑪8《史记》卷28《封禅书》记载：秦始皇曾东游海上，“行礼祠名山大川及八神，求仙人羡门之属”。“八神”中“五曰阳主，祠之罘”，“皆各用一牢具祠，而巫祝所损益，圭币杂异焉”。（第1367—1368页）

⑪9《史记》卷10《孝文本纪》载：“朕获执牺牲圭币以事上帝宗庙。”（第429页）《史记》卷28《封禅书》载：祭祀“河（黄河）、湫（湫泉）、汉水加玉各二；及诸祠，各增广坛场，圭币俎豆以差加之”（第1381页）。《后汉书》卷2《显宗孝明帝纪》载：“朕以暗陋，奉承大业，亲执圭璧恭祀天地。”（中华书局1965年版，第100页）

⑫0 国家文物局主编：《2016·中国重要考古发现》，文物出版社2017年版，第88页。

⑫1 刘庆柱、李毓芳：《西汉十一陵》，陕西人民出版社1987年版，第128页。

⑫2 汉阳陵考古陈列馆编：《汉阳陵考古陈列馆》，文物出版社2004年版，第130页。

⑫3 陕西省文物管理委员会：《陕西兴平县茂陵勘查》，《考古》1964年2期。

⑫4 刘庆柱、李毓芳：《西汉十一陵》，陕西人民出版社1987年版，第72、115页。

⑫5 詹德隆：《汉魏至唐宋时期的玉礼器初探》，《文博》1997年第5期。

⑫⑥ 陕西省考古研究所:《唐惠昭太子陵发掘报告》,三秦出版社 1992 年版。
⑫⑦ 刘庆柱:《从考古走进历史》,中国文史出版社 2019 年版,第 349、372 页。
⑫⑧ 许宏:《最早的中国》,科学出版社 2009 年版,第 117—118 页。
⑫⑨ 周有光:《世界文字发展史》,上海教育出版社 2018 年版,第 74 页。
⑬⓪ 刘庆柱:《国祭也是祭国》,《光明日报》2015 年 9 月 7 日第 16 版。
⑬① 冯时:《〈保训〉故事与地中之变迁》,《考古学报》2015 年第 2 期。

中国封建社会国家治理及现代启示

①《诗经·北山》,载(清)阮元校刻:《十三经注疏·毛诗正义》,中华书局 1980 年版,第 463 页。
②《孟子·梁惠王章句上》,载(清)阮元校刻:《十三经注疏·孟子注疏》,中华书局 1980 年版,第 2670 页。
③(清)王先谦撰,沈啸寰、王星贤点校:《荀子集解》卷七《王霸篇》,中华书局 1988 年版,第 204 页。
④(汉)司马迁撰:《史记》卷六《秦始皇本纪》,中华书局 1982 年版,第 236 页。
⑤(清)王先慎撰,钟哲点校:《韩非子集解》卷二《扬权》,中华书局 1998 年版,第 44 页。
⑥(唐)柳宗元撰:《封建论》,载(清)董诰等编:《全唐文》卷五八二《柳宗元》,中华书局 1983 年版,第 5876 页。
⑦(宋)朱熹撰:《孟子集注》卷一《梁惠王章句上》,载《四书章句集注》,中华书局 1983 年版,第 206 页。
⑧(清)顾炎武撰:《亭林文集》卷一《郡县论一》,载《顾亭林诗文集》,中华书局 1959 年版,第 12 页。
⑨《左传·襄公十五年》,载(清)阮元校刻:《十三经注疏·春秋左

传正义》，中华书局 1980 年版，第 1959 页。

⑩ 王利器：《吕氏春秋注疏》卷二十二《求人》，巴蜀书社 2002 年版，第 2745 页。

⑪（宋）司马光编著，（元）胡三省音注：《资治通鉴》卷一《周纪一》，中华书局 1956 年版，第 14 页。

⑫《清实录》第 4 册《圣祖实录》卷四一，中华书局 1985 年版，第 551 页。

⑬（汉）司马迁撰：《史记》卷七十九《蔡泽列传》，第 2422 页。

⑭（宋）司马光编著，（元）胡三省音注：《资治通鉴》卷一百九十二《唐纪八》，第 6032 页。

⑮（汉）班固撰：《汉书》卷五十六《董仲舒传》，中华书局 1962 年版，第 2513 页。

⑯（明）张萱撰：《西园闻见录》卷四四《科场》，载《续修四库全书》编纂委员会编：《续修四库全书》第 1169 册，上海古籍出版社 2002 年版，第 205 页。

⑰（宋）汪洙：《神童诗》，载李宗为校注讲析：《千家诗·神童诗·续神童诗》，上海古籍出版社 1993 年版，第 309 页。

⑱（清）龚自珍著：《龚自珍全集》第十辑《己亥杂诗》，上海人民出版社 1975 年版，第 521 页。

⑲《周礼·大司徒》，载（清）阮元校刻：《十三经注疏·周礼注疏》，中华书局 1980 年版，第 706 页。

⑳ 邓云特：《中国救荒史》，上海书店 1984 年版，第 55—56 页。

㉑（汉）崔寔原著，石声汉校注：《四民月令校注》，中华书局 1965 年版，第 28 页。

㉒ 徐元诰撰，王树民、沈长云点校：《国语集解·周语上》，中华书局 2002 年版，第 11 页。

㉓（汉）司马迁撰：《史记》卷八《高祖本纪》，第 362 页。

㉔（清）顾炎武著，陈垣校注：《日知录校注》卷十九《直言》，安徽大学出版社 2007 年版，第 1047 页。

㉕（清）顾炎武著，陈垣校注：《日知录校注》卷十三《清议》，第

732 页。

㉖（后晋）刘昫等撰：《旧唐书》卷二《本纪第二·太宗上》，中华书局 1975 年版，第 37 页。

㉗（清）徐松辑：《宋会要辑稿》卷一万六千六百五十四《职官三》，中华书局 1957 年版，第 2429 页。

㉘（明）朱元璋撰：《皇明祖训·慎国政》，载《四库全书存目丛书》编纂委员会编：《四库全书存目丛书·史部》第 264 册，齐鲁书社 1996 年版，第 172 页。

㉙《论语·子路》，载（清）阮元校刻：《十三经注疏·论语注疏》，中华书局 1980 年版，第 2507 页。

㉚《论语·为政》，载（清）阮元校刻：《十三经注疏·论语注疏》，第 2461 页。

㉛《明太祖实录》卷二五五，载“中研院”历史语言研究所：《明实录》，“中研院”历史语言研究所 1962 年版，第 3677 页。

㉜（汉）班固撰：《汉书》卷二十二《礼乐志》，第 1027 页。

㉝《礼记·礼器》，载（清）阮元校刻：《十三经注疏·礼记正义》，中华书局 1980 年版，第 1431 页。

㉞（清）顾炎武著，陈垣校注：《日知录校注》卷八《乡亭之职》，第 454 页。

㉟（清）陆世仪撰，张伯行编：《思辨录辑要》卷十八《治平类》，载《景印文渊阁四库全书》第 724 册，商务印书馆 1986 年版，第 156 页。

㊱（清）王先谦撰，沈啸寰、王星贤点校：《荀子集解》卷五《王制》篇，第 152—153 页。

㊲《尚书·五子之歌》，载（清）阮元校刻：《十三经注疏·尚书正义》，中华书局 1980 年版，第 156 页。

㊳ 黎翔凤撰，梁运华整理：《管子校注》卷一《牧民》，中华书局 2004 年版，第 13 页。

㊴ 黎翔凤撰，梁运华整理：《管子校注》卷九《霸言》，第 472 页。

㊵（清）何焯著，崔高维点校：《义门读书记》卷十七《前汉书列

传·曹参传》，中华书局1987年版，第278页。

㊶《孟子·滕文公章句上》，载（清）阮元校刻：《十三经注疏·孟子注疏》，第2702页。

㊷《圣祖实录》载："谕户部：前以尔部题请直隶等省，废藩田产，差部员会同各该督抚，将荒熟田酌量变价，今思既以地易价，复征额赋，重为民累。著免其变价，撤回所差部员，将见在未变价田地，交与该督抚，给与原种之人，令其耕种，照常征粮，以副朕爱养民生之意。至于无人承种余田，应作何料理，著议奏。寻部议，请将无人承种余田，招民开垦，从之。"见《清实录》第4册《圣祖实录》卷二八，第391页。

㊸（汉）班固撰：《汉书》卷二十四上《食货志上》，第1137页。

㊹（唐）杜甫撰，王学泰校点：《杜工部集》卷一《自京赴奉先县咏怀五百字》，辽宁教育出版社1997年版，第16页。

㊺黎翔凤撰，梁运华整理：《管子校注》卷二十二《国蓄》，第1264页。

㊻《论语·季氏》，载（清）阮元校刻：《十三经注疏·论语注疏》，第2520页。

㊼蒋礼鸿撰：《商君书锥指》卷二《说民》，中华书局1986年版，第38页。

㊽（明）丘濬撰：《大学衍义补》卷二十五《市籴之令》，载《景印文渊阁四库全书》第712册，第345页。

㊾李根蟠：《中国古代农业》，商务印书馆1998年版，第117页。

㊿（汉）班固撰：《汉书》卷八十九《龚遂传》，第3640页。

51（汉）班固撰：《汉书》卷八十七上《扬雄传》，第3541页。

52（汉）班固撰：《汉书》卷五十六《董仲舒传》，第2512页。

53（汉）班固撰：《汉书》卷八《宣帝纪》，第275页。

54（宋）李心传撰：《建炎以来系年要录》卷三十一，中华书局1956年版，第613页。

55黄宗羲《明夷待访录·财计三》："古圣王崇本抑末之道。世儒不察，以工商为末，妄议抑之。夫工固圣王之所欲来，商又使其愿出于途者，盖皆本也。”载沈善洪主编，吴光执行主编：《黄宗羲全集（增订版）》第一册《哲学·经学·政治学》，浙江古籍出版社2005年版，第41页。

㊻《礼记·曲礼》，载（清）阮元校刻：《十三经注疏·礼记正义》，第1249页。

㊼（汉）司马迁撰：《史记》卷一百二《张释之传》，第2754页。

㊽黎翔凤撰，梁运华整理：《管子校注》卷十五《任法》，第900页。

㊾（清）王先慎撰，钟哲点校：《韩非子集解》卷二《有度》，第32页。

⑩（清）王先慎撰，钟哲点校：《韩非子集解》卷二《有度》，第31页。

⑥①（汉）班固撰：《汉书》卷五《景帝纪》，第148页。

⑥②（汉）班固撰：《汉书》卷七十八《萧望之传》，第3287页。

⑥③（晋）陈寿撰：《三国志》卷三《明帝纪》，中华书局1982年版，第107页。

⑥④（北齐）魏收撰：《魏书》卷一百一十一《刑罚志》，中华书局1974年版，第2874页。

⑥⑤（后晋）刘昫等撰：《旧唐书》卷五十《刑法志》，第2140页。

⑥⑥（元）脱脱等撰：《宋史》卷一百九十九《志第一百五十二·刑法一》，中华书局1977年版，第4975页。

⑥⑦（明）宋濂等撰：《元史》卷一百三《志第五十一·刑法二》，中华书局1976年版，第2632页。

⑥⑧（清）张廷玉等撰：《明史》卷九十四《志第七十·刑法二》，中华书局1974年版，第2307页。

⑥⑨（清）王先慎撰，钟哲点校：《韩非子集解》卷十四《外储说右下》，第332页。

⑦⓪（清）王先谦撰，沈啸寰、王星贤点校：《荀子集解》卷八《君道篇》，第239页。

⑦①《孟子·离娄章句上》，载（清）阮元校刻：《十三经注疏·孟子注疏》，第2717页。

⑫(清)王先慎撰，钟哲点校：《韩非子集解》卷十九《显学》，第460页。

⑬黎翔凤撰，梁运华整理：《管子校注》卷九《问第》，第484页。

我国历史上的腐败与反腐败

①(晋)张湛注：《列子》卷八《说符》，上海古籍出版社2014年版，第242页。

②(汉)司马迁：《史记》卷八十五《吕不韦列传》，中华书局2014年版，第3042页载："子楚，秦诸庶孽孙，质于诸侯，车乘进用不饶，居处困，不得意。吕不韦贾邯郸，见而怜之，曰'此奇货可居'。"

③(汉)司马迁：《史记》卷一百二十九《货殖列传》，第3952页载："谚曰：'千金之子，不死于市。'此非空言也。故曰：'天下熙熙，皆为利来；天下攘攘，皆为利往。'夫千乘之王，万家之侯，百室之君，尚犹患贫，而况匹夫编户之民乎！"

④(宋)司马光：《资治通鉴》卷第六《秦纪一》，中华书局1956年版，第210页载，秦始皇"四年(戊午、前二四三)……令百姓纳粟千石，拜爵一级"。

⑤(汉)司马迁：《史记》卷三十《平准书第八》，第1724页。

⑥(南朝宋)范晔：《后汉书》卷八《孝灵帝纪第八》，中华书局1965年版，第342页载，灵帝光和元年"初开西邸卖官，自关内侯、虎贲、羽林，入钱各有差。私令左右卖公卿，公千万，卿五百万"。

⑦(南朝宋)范晔：《后汉书》卷五十二《崔骃列传第四十二》，第1731页。

⑧(南朝宋)范晔：《后汉书》卷三十四《梁统列传第二十四》，第1181页。

⑨(宋)李心传：《建炎以来系年要录》卷一百六十九，绍兴二十五年七月至十月，中华书局2013年版，第3218页载，秦桧"贪墨无厌，监司帅守到阙，例要珍宝，必数万贯，乃得差遣"。

⑩(清)计六奇：《明季北略》卷十三，中华书局1984年版，第

219 页。

⑪(清)谷应泰等:《明史纪事本末》卷之四十二《弘治君臣》,中华书局 1977 年版,第 613 页。

⑫(南朝宋)范晔:《后汉书》卷三十二《樊宏阴识列传第二十二》,第 1122—1123 页。

⑬(南朝宋)范晔:《后汉书》卷七十四上《袁绍刘表列传第六十四上》,第 2375 页。

⑭(清)严可均辑:《全后汉文》卷四十六,崔寔《政论》,商务印书馆 1999 年版,第 471 页。

⑮ 出自西晋左思:《咏史》八首其二。

⑯(唐)房玄龄等:《晋书》卷九十二《列传第六十二》,中华书局 1974 年版,第 2382 页。

⑰(唐)房玄龄等:《晋书》卷三十三《列传第三》,第 996 页。

⑱ 王利器:《颜氏家训集解》卷第三《勉学第八》,中华书局 2013 年版,第 178 页。

⑲(唐)房玄龄等:《晋书》卷九十四《列传第六十四》,第 2438 页。

⑳(唐)姚思廉:《梁书》卷二十八《列传第二十二》,中华书局 1973 年版,第 422 页。

㉑ 出自宋代李山甫:《上元怀古》。

㉒(唐)房玄龄等:《晋书》卷七十《列传第四十》,第 1871 页载,卞壸“勤于吏事,欲轨正督世,不肯苟同时好。然性不弘裕,才不副意,故为诸名士所少,而无卓尔优誉”。

㉓(唐)姚思廉:《梁书》卷三十七《列传第三十一》,第 532 页。

㉔ 黎翔凤:《管子校注》卷第一《牧民第一》,中华书局 2004 年版,第 3 页。

㉕ 吴则虞:《晏子春秋集释》第六卷《内篇杂下第六》,中华书局 1962 年版,第 403 页。

㉖ 吴则虞:《晏子春秋集释》第四卷《内篇问下第四》,第 248 页载:景公问晏子曰:“廉政而长久,其行何也?”晏子对曰:“其行水也。美哉水乎清清,其浊无不雩途,其清无不洒除,是以长久也。”

㉗（清）孙诒让：《周礼正义》卷五《天官小宰》，中华书局 2015 年版，第 218 页。

㉘（清）孙诒让：《周礼正义》卷五《天官小宰》，第 218 页。

㉙ 李学勤主编：《清华大学藏战国竹简（伍）》，中西书局 2015 年版，第 2 页。

㉚（汉）孔安国传，（唐）孔颖达正义：《尚书正义》卷第七《五子之歌第三》，上海古籍出版社 2007 年版，第 264 页。

㉛（汉）孔安国传，（唐）孔颖达正义：《尚书正义》卷第十《泰誓上第一》，第 406 页。

㉜ 黎翔凤：《管子校注》卷第一《牧民第一》，中华书局 2004 年版，第 13 页。

㉝ 杨伯峻：《春秋左传注》，《襄公三十一年》，中华书局 2009 年版，第 1192 页。

㉞ 吴毓江：《墨子校注》卷之二《尚贤下第十》，中华书局 1993 年版，第 96 页。

㉟ 吴毓江：《墨子校注》卷之二《尚贤上第八》，第 67 页。

㊱（汉）司马迁：《史记》卷六十八《商君列传第八》，第 2710 页。

㊲ 杨伯峻：《孟子译注》，《公孙丑章句上》，中华书局 2016 年版，第 79 页。

㊳（汉）司马迁：《史记》卷三十三《鲁周公世家第三》，第 1836 页。

㊴ 杨伯峻：《春秋左传注》，《襄公二十六年》，第 1120 页。

㊵ 杨伯峻：《春秋左传注》，《襄公二十一年》，第 1060 页载：“乐王鲋见叔向，曰：‘吾为子请。’叔向弗应。出，不拜。其人皆咎叔向。叔向曰：‘必祁大夫。’室老闻之，曰：‘乐王鲋言于君，无不行，求赦吾子，吾子不许。祁大夫所不能也，而曰必由之，何也？’叔向曰：‘乐王鲋，从君者也，何能行？祁大夫外举不弃仇，内举不失亲，其独遗我乎？’”

㊶（汉）司马迁：《史记》卷七十六《平原君虞卿列传第十六》，第 2876—2878 页载：“门下有毛遂者，前，自赞于平原君曰：‘……愿君即以遂备员而行矣。’……平原君已定从而归，归之于赵，曰：

‘……毛先生一至楚，而使赵重于九鼎大吕。毛先生以三寸之舌，强于百万之师。胜不敢复相士。’遂以为上客。”

㊷黎翔凤：《管子校注》卷第二十一《明法解第六十七》，第1219页。

㊸（清）王先慎：《韩非子集解》卷第十四《外储说右下第三十五》，中华书局1998年版，第338页。

㊹王利器：《新语校注》卷下《本行第十》，中华书局1986年版，第142页。

㊺（宋）司马光：《资治通鉴》卷第一《周纪一》，第14页。

㊻（清）《钦定四库全书》史部《圣祖仁皇帝圣训》卷二十三《任官》，康熙二十六年丁卯四月辛亥，四库本。

㊼（清）张廷玉等：《明史》卷七十一《志第四十七》，中华书局1974年版，第1712页。

㊽蒋礼鸿：《商君书锥指》卷三《修权第十四》，中华书局1986年版，第84页。

㊾黎翔凤：《管子校注》卷第十五《任法第四十五》，第900页。

㊿出自宋代苏辙：《论侯偁少欠酒课以抵当子利充填札子》。

51（清）王先慎：《韩非子集解》卷第五《饰邪第十九》，第128页。

52（汉）班固：《汉书》卷四十八《贾谊传第十八》，中华书局1962年版，第2257页。

53杨伯峻：《列子集释》卷第八《说符篇》，中华书局1979年版，第258页载：“楚庄王问詹何曰：‘治国奈何！’詹何对曰：‘臣明于治身而不明于治国也。’楚庄王曰：‘寡人得奉宗庙社稷，愿学所以守之。’詹何对曰：‘臣未尝闻身治而国乱者也，又未尝闻身乱而国治者也。故本在身，不敢对以末。’楚王曰：‘善。’”

54（汉）司马迁：《史记》卷六十八《商君列传第八》，第2712页。

55黄怀信：《论语汇校集释》卷四《里仁第四》，上海古籍出版社2008年版，第347页载：“见贤思齐焉，见不贤而内自省也。”

56黄怀信：《论语汇校集释》卷十二《颜渊第十二》，上海古籍出版社2008年版，第1121页载：“君子之德，风；小人之德，草。草上之风，必偃。”

㊿(宋)司马光:《资治通鉴》卷第十七《汉纪九》，中华书局 1956 年版，第 550 页。

(58)(汉)孔安国传，(唐)孔颖达正义:《尚书正义》卷第四《大禹谟第三》，第 132 页。

(59) 杨伯峻:《孟子译注》,《离娄章句上》，第 179 页。

(60) 胡平生、张萌译注:《礼记》,《大学第四十二》，中华书局 2017 年版，第 1168—1169 页。

(61) 许维遹:《吕氏春秋集释》,《孝行览第二凡八篇卷第十四》，中华书局 2009 年版，第 306 页。

(62) 胡平生译注:《孝经译注》,《开宗明义章第一》，中华书局 1996 年版，第 1 页。

(63) 许元诰:《国语集解》,《鲁语上第四》，中华书局 2002 年版，第 173 页载:“季文子相宣、成，无衣帛之妾，无食粟之马……文子曰:‘……吾闻以德荣为国华，不闻以妾与马。’”

(64)(唐)令狐德棻等:《周书》卷二十三《列传第十五》，中华书局 1971 年版，第 394 页载:“绰性俭素，不治产业，家无余财。以海内未平，常以天下为已任。”

(65)(清)王先慎:《韩非子集解》卷第十二《外储说左下第三十三》，第 302 页。

(66)(清)王先慎:《韩非子集解》卷第十七《定法第四十三》，第 397 页。

(67)(晋)陈寿:《三国志》卷三十五《诸葛亮传第五》，中华书局 1959 年版，第 934 页。

(68)(清)王先慎:《韩非子集解》卷第十四《外储说右下第三十五》，第 331—332 页载:“人主者，守法责成以立功者也。闻有吏虽乱而有独善之民，不闻有乱民而有独治之吏，故明主治吏不治民。”

(69)(唐)吴兢撰，谢保成集校:《贞观政要集校》,《论贪鄙第二十六》，中华书局 2003 年版，第 362、363、365 页。

(70)(宋)李元弼等:《宋代官箴书五种》，中华书局 2019 年版，第

75 页。

⑦1 最早出自明代学者曹端之口，明嘉靖年间，无极知县郭允礼将此六字刻成石碑镶嵌于县衙大堂墙壁。

⑦2 出自清代张聪贤:《官箴》。

⑦3(三国)诸葛亮:《诸葛亮集》卷一《诫子书》，中华书局 2012 年版，第 27 页。

⑦4 出自唐代颜真卿:《守政帖》。

⑦5 出自宋代包拯:《家训》。

⑦6 出自宋代胡安国:《与子寅书》。

⑦7(清)王先慎:《韩非子集解》卷第十九《显学第五十》，第 460 页。

⑦8(宋)欧阳修、宋祁:《新唐书》卷四十五《志第三十五》，中华书局 1975 年版，第 1176 页。

⑦9(宋)欧阳修、宋祁:《新唐书》卷一百二十六《列传第五十一》，第 4426 页。

⑧0 黎翔凤:《管子校注》卷第二十一《明法解第六十七》，第 1219 页载:“明主之择贤人也，言勇者试之以军，言智者试之以官。试于军而有功者则举之，试于官而事治者则用之。故以战功之事定勇怯，以官职之治定愚智。”

⑧1 出自宋代汪洙:《神童诗》。

⑧2(宋)司马光:《资治通鉴》卷第四十五《汉纪三十七》，第 1443 页载，永平四年，“东平王苍自以至亲辅政，声望日重，意不自安，前后累上疏称:‘自汉兴以来，宗室子弟无得在公卿位者，乞上骠骑将军印绶，退就藩国。’辞甚恳切，帝乃许苍还国，而不听上将军印绶”。

⑧3(南朝宋)范晔:《后汉书》卷二《显宗孝明帝纪第二》，第 124 页载:“帝遵奉建武制度，无敢违者。后宫之家，不得封侯与政。”

⑧4(清)王先慎:《韩非子集解》卷第十八《八经第四十八》，第 439 页。

⑧5 张舜徽主编:《张居正集》卷三《奏疏三·请稽查章奏随事考成以

修实政疏》，荆楚书社 1987 年版，第 131 页。

㊅(汉)孔安国传，(唐)孔颖达正义：《尚书正义》卷第三《舜典第二》，第 110 页。

⑧⑦(清)孙诒让：《周礼正义》卷五《天官小宰》，第 218 页。

⑧⑧(唐)杜佑：《通典》卷十五《选举三》，中华书局 1988 年版，第 370 页载："考课之法，有德义清慎、公平恪勤各一善，自近侍至于镇防，并据职事目为之最，凡二十七焉。一最以上，有四善，为上上；一最以上，有三善，或无最而有四善，为上中；一最以上，有二善，或无最而有三善，为上下；一最以上，有一善，或无最而有二善，为中上；一最以上，或无最而有一善，为中中；职事粗理，善最弗闻，为中下；爱憎任情，处断乖理，为下上；背公向私，职务废阙，为下中；居官谄诈及贪浊有状，为下下。"

⑧⑨(元)脱脱等：《宋史》卷一百六十《志第一百一十二》，第 3761—3763 页载："神宗即位，凡职皆有课，凡课皆责实……凡县令之课，以断狱平允、赋入不扰、均役屏盗、劝课农桑、振恤饥穷、导修水利、户籍增衍、整治簿书为最，而德义清谨、公平勤恪为善，参考治行，分定上、中、下等……后改立县令课，有'四善'、'五最'之目，及增损监司、转运课格，守令为五等减磨勘法……岁以十五事考校监司，四善、四最考校县令，违限不实者有罪。"

⑨⓪(清)孙星衍：《汉官六种》，《汉官仪二卷》，中华书局 1990 年版，第 130 页载："光禄举敦厚、质朴、逊让、节俭，此为四行。"

⑨①(唐)李林甫：《唐六典》卷二《尚书吏部》，中华书局 2014 年版，第 42 页载："凡考课之法有四善：一曰德义有闻，二曰清慎明著，三曰公平可称，四曰恪勤匪解。"

⑨②(宋)苏洵著，曾枣庄、金成礼笺注：《嘉祐集笺注》第十卷《上皇帝书》，上海古籍出版社 1993 年版，第 285 页载："臣闻自设官以来，皆有考绩之法……夫有官必有课，有课必有赏罚。有官而无课，是无官也；有课而无赏罚，是无课也。无官无课，而欲求天下之大治，臣不识也。"

⑨3（汉）班固：《汉书》卷七十四《魏相丙吉传第四十四》，第3147页。

⑨4（清）张廷玉等：《明史》卷七十一《志第四十七》，中华书局1974年版，第1722—1723页载："（洪武）十八年，吏部言天下布、按、府、州、县朝觐官，凡四千一百一十七人，称职者十之一，平常者十之七，不称职者十之一，而贪污阘茸者亦共得十之一。帝令称职者升，平常者复职，不称职者降，贪污者付法司罪之，阘茸者免为民。"

⑨5（汉）班固：《汉书》卷八《宣帝纪第八》，第273页。

⑨6（宋）宋敏求：《唐大诏令集》卷一百《政事》，中华书局2008年版，第506页。

⑨7（汉）班固：《汉书》卷八十三《薛宣朱博传第五十三》，第3405页载："高皇帝以圣德受命，建立鸿业，置御史大夫，位次丞相，典正法度，以职相参，总领百官，上下相监临，历载二百年，天下安宁。"

⑨8睡虎地秦墓竹简整理小组：《睡虎地秦墓竹简》，文物出版社1990年版，第81页，六至一二。

⑨9（清）王先谦：《荀子集解》卷第十《议兵篇第十五》，第280页。

⑩0王利器：《新语校注》卷上《无为第四》，中华书局1986年版，第62页。

⑩1（汉）司马迁：《史记》卷九十七《郦生陆贾列传第三十七》，第3270页载："且汤武逆取而以顺守之，文武并用，长久之术也。"

⑩2杨伯峻：《孟子译注》，《离娄章句上》，第174页。